SOUVENIRS

D'UN

OFFICIER D'ÉTAT-MAJOR

COMTE DE MARTIMPREY

GÉNÉRAL DE DIVISION

SOUVENIRS

D'UN

OFFICIER D'ÉTAT-MAJOR

HISTOIRE DE L'ÉTABLISSEMENT

DE LA

DOMINATION FRANÇAISE

DANS LA PROVINCE D'ORAN

1830-1847

PARIS

MAISON QUANTIN

COMPAGNIE GÉNÉRALE D'IMPRESSION ET D'ÉDITION

7, RUE SAINT-BENOIT

1886

AVANT-PROPOS

En publiant ce livre, j'accomplis et je transgresse à la
fois le vœu de mon père ; mais en enfreignant certains de
ses désirs, autant qu'en me conformant aux autres, j'ai
la volonté comme la conscience d'apporter à sa mémoire
un témoignage de respect et de piété filiale.

Je m'explique :

Les Souvenirs d'un officier d'état-major *existent en
deux éditions manuscrites, destinées par leur auteur, l'une
à sa femme et à ses enfants, l'autre à la publicité.*

Identiques, cela va sans dire, au point de vue des faits
de l'histoire, ces deux éditions diffèrent en ce que mon
père, cédant en cela aux conseils d'une nature aussi in-
dulgente aux autres que sévère pour soi-même, avait éli-
miné de la seconde tout jugement sur les hommes et sur
leurs actes et tout ce qui le concernait personnellement.

Était-ce une obligation étroite pour mes frères et pour

a

moi, d'observer, avec une rigueur absolue, les indications
que nous avions de l'usage à faire des documents recueillis
dans l'héritage paternel? Nous ne l'avons pas cru, étant
de ce sentiment que ceux-là remplissent le mieux leur devoir
de fils, qui honorent davantage la mémoire de leur père.

C'est pour honorer celle du nôtre, que nous livrons à
l'impression, au lieu des pages d'où il s'était exclu, celles
d'un caractère plus intime, qui font mieux comprendre ce
que furent pour ses chefs, pour ses camarades et aussi pour
lui-même, ces rudes années de conquête dans la province
d'Oran. Sans doute les détails personnels sont encore peu
nombreux; cependant, dans quelques rapides anecdotes,
l'homme se révèle avec les qualités de foi, d'honneur,
d'énergie, de bonté, d'intelligence, de bravoure et de
modestie, qui furent les siennes à un si haut degré.

Ceux qui l'ont connu le reconnaîtront à plus d'un trait
dans ce volume; pour les autres, pour ceux qui auront à
le deviner, j'aurais voulu tracer l'image de cet homme de
bien, qu'on eût dit d'une autre époque, tant il avait le
cœur et l'esprit au-dessus des vulgarités du siècle; mais
le talent me manque pour une telle entreprise et puis, c'est
sa vie entière que je serais entraîné à écrire. Je n'en ai
pas le loisir actuellement; ce sera peut-être l'œuvre de
l'avenir, lorsqu'il m'aura été possible de mettre en ordre
des documents relatifs aux guerres de Crimée et d'Italie,
et d'autres, qui se rapportent au commandement de mon
père en Algérie.

Il fallait cependant, au début de cet ouvrage, présenter au lecteur son compagnon et son guide, à travers la
région mystérieuse où la guerre sainte s'allume, au souffle

ardent d'Abd-el-Kader ; un portrait et quelques notes m'en donnent le moyen.

Le portrait placé en tête du livre est celui du général de division qui, en 1864, remettait en d'autres mains le gouvernement de l'Algérie et quittait, pour ne plus la revoir, cette terre d'Afrique qu'il aimait passionnément et à laquelle il avait consacré près de trente années de son existence.

Quant aux notes tout à fait intimes que notre même pieuse indiscrétion produit au jour, sous forme d'introduction, elles dessineront du narrateur une exacte silhouette, tout en conduisant très vite au début du récit principal.

De ce récit comme de ces notes je ne puis rien dire, car il n'appartient point au fils de porter un jugement sur la vie de son père, quelque sujet qu'il pense avoir d'en être fier.

COMTE DE MARTIMPREY.

INTRODUCTION

Je venais, à seize ans, de terminer ma seconde au collège de Meaux : vers le milieu des vacances, mon père m'ayant mis en demeure de me prononcer pour une carrière, je déclarai que je voulais être militaire.

Les traditions de ma famille, vouée de tout temps au métier des armes et qui comptait encore dans l'armée plusieurs des siens, une santé robuste et un goût extrême de l'activité justifiaient cette vocation née en moi dès l'enfance, car j'avais été bercé parmi les récits des guerres de l'Empire.

Dans la campagne de France, en 1814, un corps prussien ayant voulu forcer le passage de la Marne, à Meaux, il s'ensuivit un combat pendant lequel la ville resta quelques heures sous un feu d'artillerie violent ;

enfin, l'ennemi fut repoussé. Le soir même, mon père me mena sur le lieu de l'action, tout couvert de débris et j'y vis, couchés à terre, des grenadiers de la vieille garde.

Je n'avais que six ans ; mais dès cet âge, de pareils spectacles ont leur influence et ce théâtre de combat, gravé dans mes souvenirs, ne fut pas étranger au choix de la route qui devait me conduire sur tant d'autres champs de bataille.

Après deux années de mathématiques, j'arrivai à Saint-Cyr le 16 novembre 1826, avec le numéro 9 sur environ deux cents élèves admis. J'y dus subir d'abord les vexations traditionnelles d'anciens à conscrits. Le sort de ceux-ci était fort dur à cette époque, mais je ne m'affectai pas de ces misères ; je ne voyais que le but, et mon application à mes devoirs était extrême. J'avais même réussi, chose difficile dans les premiers temps, à éviter toute punition et j'allais être de la première promotion de grenadiers, lorsque, à la suite d'un tir à la cible, une forte contusion à la joue me força à entrer à l'infirmerie.

Un abcès très dangereux survint, qui nécessita une forte incision à la partie sous-maxillaire correspondante. Je restai dans mon lit du jour des Cendres jusqu'à Pâques, assez malade pour que le général de Broglie, qui nous commandait, m'étant venu voir, me fît administrer les secours religieux.

A peine guéri, je me remis au travail avec ardeur, et, vers le mois de juin, j'obtins ces épaulettes de laine

dont on était si jaloux. Je poussais à ce point le désir de
rendre sérieux l'apprentissage de mon métier, que
j'avais rempli mon sac d'effets pour lui donner le poids
du sac du soldat, bien que ce ne fût en aucune façon
exigé; mais il me semblait que j'étais plus militaire,
ainsi chargé.

Les examens de passage en première division me
furent favorables et, dès le départ des anciens, je fus
nommé caporal.

Cet honneur imposait des devoirs, car alors les gradés, à Saint-Cyr, exerçaient une autorité permanente
sur leurs camarades dans les salles d'études, les mouvements en ordre et les dortoirs. En outre, mon numéro
de classement m'appelait à être chef d'étude de la
deuxième division. Cette surveillance et celle des classes
me faisaient perdre beaucoup de temps. Cependant, tout
allait bien, lorsque, dans le mois de janvier éclata une
révolte, à la suite de sévérités exercées par le sous-di-
recteur des études, le lieutenant Duhousset. Les mécon-
tents formèrent le complot de se retirer en masse de
l'amphithéâtre de chimie, si M. Duhousset y paraissait,
ce qui eut lieu.

L'amphithéâtre fut donc abandonné, sauf par cinq
ou six gradés, que leurs camarades par représailles
mirent en quarantaine. J'étais du nombre. Quelques
amis et mon frère, entré à l'École une année après
moi, me restèrent, non sans inconvénients pour eux,
fidèles dans mon isolement.

Le général de Champagny, alors directeur du pe r-
sonnel au ministère de la guerre, vint à l'École et, par
quelques exemples, mit un terme à la révolte. Les
gradés qui n'y avaient pas trempé furent nommés chefs
de compagnie. J'eus le commandement de la deuxième
et comme il me fallait choisir entre la faiblesse, qui
m'eût déconsidéré et une sévérité extrême, qui serait
l'occasion de nombreuses inimitiés, je pris la sévérité
pour règle. Elle eut comme conséquence plusieurs ren-
contres à ma sortie de l'École.

Il était impossible que mes études ne souffrissent
pas d'une pareille situation; mes fonctions de sergent-
major me dérobaient des instants précieux et, pour
comble d'ennui, une fluxion de poitrine, puis une oph-
talmie, m'envoyèrent encore à l'infirmerie. Cependant,
les examens approchaient : ils me donnèrent le n° 14
sur la liste de sortie. J'étais officier d'état-major.

Je comptais, sans plus attendre, régler mes petites
dettes d'honneur et je m'étais dans cet objet arrêté à
Paris. La police militaire s'en mêla et je dus m'en aller
tout droit dans ma famille, sous peine d'être conduit à
l'Abbaye. Ce fut partie remise à la fin de décembre.

J'entrai à l'École d'état-major le 3 janvier 1829;
elle m'a laissé les meilleurs souvenirs.

Nous étions commandés par le général marquis
d'Hautpoul, ancien aide de camp de l'empereur. Sa
bienveillance était extrême; il recevait beaucoup et
avait la bonté de présenter dans le monde ceux des

élèves qui désiraient le fréquenter. J'usai plusieurs fois de cette condescendance pendant l'hiver de 1829 et pris aussi grand plaisir aux bals de la cour, qui furent nombreux et très beaux. J'assistai au dernier que la duchesse de Berry donna aux Tuileries et y vis le duc d'Orléans, qui était charmant de tournure et de visage.

Entré à l'École avec un numéro médiocre, je ne pus me relever aux examens de passage en 1re division, à cause d'un accident fort grave. Étant aux plans à Conflans-Sainte-Honorine, en regagnant, le soir, une chambre à laquelle on arrivait par un très mauvais escalier, je mis le pied à faux sur la dernière marche et tombai du haut en bas à la renverse. Dans cette chute, je me luxai le poignet gauche avec fracture du radius. Un ancien chirurgien, retraité à Conflans, me rajusta le bras le lendemain matin pour la somme de trois francs.

Ce jour-là même je devais prendre part à une reconnaissance dirigée par le commandant Koch, notre professeur d'art militaire. La réunion pour le départ avait été ordonnée à Poissy; en m'y rendant à pied, j'eus plusieurs évanouissements. Le commandant m'autorisa à partir pour Paris; mais, ayant eu beaucoup à souffrir des secousses de la voiture qui m'y transporta et du nouveau pansement qu'il fallut faire à mon arrivée, le tétanos se serait très probablement déclaré, si le général d'Hautpoul lui-même ne m'eût fait lever de force et promener dans son jardin, pour calmer ma surexcitation nerveuse. La guérison de ce sérieux accident fut assez prompte, mais mes études avaient souffert de l'interruption de travail et, sans l'intérêt du commandant Koch, j'eusse fait une troisième année à l'École, ce qui changeait toutes les chances de ma carrière. Trop heureux d'ailleurs de n'être pas estropié, je passai en 1ʳᵉ division le treizième, sur seize officiers.

Ma seconde année d'École d'état-major fut marquée par deux grands événements : la campagne de la prise d'Alger, pour laquelle je demandai vainement à quitter l'École, et la révolution de juillet 1830.

Pendant la lutte, le général d'Hautpoul nous conduisit aux Invalides, où nous prîmes des dispositions de défense dont on reconnut bientôt l'inutile danger.

Je fus donc simple spectateur de ce grand et triste drame !

Après que Paris eut été évacué par l'armée royale, je voulus la rallier à Rambouillet; mais, comme je sortais de la capitale, je fus arrêté par la nouvelle de l'abdication de Charles X et c'est à Meaux que je me rendis. Bientôt, j'y vis revenir le régiment des grenadiers à cheval qui y tenait garnison. Il était dans un état affreux; les fleurs de lis qui ornaient les diverses parties de l'uniforme avaient été lacérées; hommes et chevaux étaient épuisés, la tenue était négligée. Cette humiliation d'une troupe naguère si belle et si fière m'inspira un profond désespoir. La fidélité au roi était alors une religion pour nous, militaires, et ces événements confondaient toutes mes idées. Je brisai mon

épée et voulus envoyer ma démission, mais les sages
conseils de mon père me décidèrent à rejoindre l'École
d'état-major.

Les discussions politiques ne tardèrent pas à diviser
mes camarades : je refusai absolument d'y prendre
part ; je me remis à travailler ; mes examens furent par
suite excellents et, le 31 décembre 1830, je sortis de
l'École avec le n° 7.

J'étais destiné au 11° régiment d'infanterie. Avant
de rejoindre nos régiments, nous recevions un congé de
trois mois ; j'y renonçai ; le 11° de ligne, qui occupait
Soissons, étant destiné à entrer en Belgique. Cette
ardeur me valut, de mon père et de ma mère, des
remontrances qui finirent cependant par de tendres
adieux.

Il y avait à peine quelques jours que j'étais à mon
poste, lorsque survint une vacance de sous-lieutenant
de grenadiers. Relativement ancien de grade, je dus à un
ami de ma famille, le lieutenant-colonel de Vilmorin, la
faveur de la remplir.

Cet avantage me plaça en face d'un capitaine
M. Brunet, dont la vivacité de caractère était très
redoutée.

En effet, un jour à l'exercice, il m'ôta brusquement le commandement, trouvant mon intonation mauvaise. Je vis dans ce procédé un sujet de déconsidéra-
tion aux yeux des grenadiers et quand mon capitaine
voulut, un peu plus tard, prendre avec moi son ton fa-

milier ordinaire, je lui fis en tête-à-tête une scène très pathétique.

Très bon au fond, il fut ému de mes paroles et, à dater de là, je fus dans les meilleurs termes avec lui.

J'avais pour lieutenant un brave et digne homme, le lieutenant Pointel, qui déjà faisait la guerre avant que je fusse au monde. Il m'avait pris en affection et je ne tardai pas à en avoir la preuve.

Le 11ᵉ de ligne comptait alors dix-neuf sous-lieutenants de promotion toute nouvelle. Sortis des rangs de la troupe, on peut aisément se figurer leur jalousie à l'égard des élèves de l'École militaire, représentés seulement au régiment par deux jeunes sous-lieutenants et par moi, tous les anciens officiers provenant de Saint-Cyr ayant dû se retirer, plus ou moins contraints, lors de la révolution de juillet.

Je n'avais pas toutefois reçu un mauvais accueil, tant s'en faut, de la plupart de ces messieurs. Certains étaient un peu froids ; un seul essaya de me tâter et prit pour prétexte de m'attirer dans un assaut d'armes.

Mon vieux lieutenant Pointel vint me dire le danger que je courais d'une mauvaise querelle et voulut m'accompagner. J'eus bientôt fait de le rassurer, en poussant en un instant une douzaine de bottes vigoureuses à mon adversaire, qui n'osa pas trop s'en fâcher. Un certain talent en escrime fait partie d'une bonne éducation et profite toujours.

Je ne restai que peu de temps à Soissons : plusieurs

détachements m'en éloignèrent; le premier fut à Épernay, le deuxième à Laon; enfin, ma compagnie vint en cantonnement à Vailly-sur-Aisne. J'y obtins une permission de huit jours pour aller voir ma famille.

Parti de Vailly à deux heures du matin, à pied, après avoir réglé encore quelques affaires en traversant Soissons, j'arrivai à Meaux pour dîner à cinq heures, ayant parcouru environ dix-huit lieues. Le lendemain je fus à la chasse en plaine.

En juin 1831, l'ordre de rejoindre la section topographique chargée de lever la partie de la Champagne comprise entre Reims, Sainte-Menehould et l'Argonne, me retira du 11° de ligne au moment où, suivant toutes les apparences, il allait entrer en Belgique pour le siège d'Anvers.

Mon chef de section était le commandant Chauvet, homme de devoir et d'expérience, qui contrôlait avec soin les travaux de ses officiers.

Ma tâche comprenait cette plaine à longues ondulations qui s'étend de Tilloy et du moulin de Valmy à Suippes. L'aspect du pays, alors tout dénudé, était d'une grande tristesse : à l'exception des haies des rares villages, la végétation arborescente de la région consistait en quelques arbustes rabougris; les neuf dixièmes de la terre étaient en friche. Logé dans une auberge isolée, je partais de grand matin pour mon travail de levé et rentrais à la nuit. C'était pendant la plus chaude saison de l'année. Cette existence laborieuse et solitaire ne fut pas pour moi sans fruit ; elle fit mûrir en mon esprit les idées sur lesquelles chacun sent le besoin de s'appuyer pour traverser ce monde.

Les travaux de la carte de France finissaient en novembre ; on rentrait alors au dépôt de la guerre pour la mise au net qui remplissait tout l'hiver.

Le 1ᵉʳ avril 1832, je quittai Paris pour me rendre à Domart-lès-Ponthieu, sur un nouveau terrain de travail, entre Amiens, Douilens et Abbeville ; comme l'année précédente, l'hiver me ramena au ministère.

Le 20 juin de cette année 1832, j'avais été nommé lieutenant à l'ancienneté, sur toute l'arme de l'infanterie, dans le 11ᵉ de ligne. Toutefois, je ne pris ce grade dans l'état-major que le 1ᵉʳ octobre suivant, après quatre ans révolus comme sous-lieutenant.

Je fis, à cette époque, la connaissance du capitaine d'état-major Bedeau, dont mon compagnon de carte, de Boisvillette, était le camarade de promotion. Le capitaine Bedeau était employé à Paris et nous annonçait dès lors qu'un jour ou l'autre, il passerait dans les troupes, ajoutant qu'il serait ainsi général avant que Boisvillette fût chef d'escadron, ce qui se vérifia. Il m'encouragea dans mon dessein bien arrêté de quitter la douce carte de France, qui a confisqué à son profit plus d'un officier que sa distinction eût destiné à servir ailleurs son pays, d'une manière plus brillante, sinon plus utile.

La campagne de Belgique m'avait donné l'exemple

de quelques officiers d'état-major, réussissant à se dégager de la carte de France et c'est ainsi que j'avais sollicité vivement d'être envoyé au siège d'Anvers, puis au 6ᵐᵉ hussards auquel je comptais nominativement.

Cette dernière démarche étant demeurée sans succès, je partis le 1ᵉʳ avril 1833 pour une nouvelle campagne topographique.

Rentré à Paris, je renouvelai avec insistance ma demande de rejoindre mon régiment. Enfin, au mois de mars, je reçus l'ordre de m'y rendre, ce que je n'osais plus espérer.

Le 6ᵐᵒ hussards tenait garnison à Auch; je fis la route à cheval.

La petite tenue de mon régiment était fort jolie; spencer vert avec tresses en soie et galons de grade en soutache d'argent, pantalon garance à bandes d'argent, sabretache, képi sans visière. J'éprouvai un peu de vanité la première fois que je me vis dans ce costume, mais je ne tardai pas à en être puni.

J'avais vendu la très médiocre jument sur laquelle j'étais venu : un cheval de Tarbes que me céda un capitaine du régiment, profitant un peu de mon inexpérience l'avait remplacée et, quoique poussif, cet animal était vif et vigoureux.

Je l'étrennais ainsi que mon brillant uniforme et je n'avais rien trouvé de mieux que d'aller parader devant les classes qui faisaient l'exercice à pied. Mon cheval, effrayé tout à coup par le maniement d'armes, se cabra,

fit quelques sauts brusques, se déroba et finalement me
jeta par terre. Mon spencer, qui était juste, se déchira
dans le dos, du collet à la ceinture; mon pantalon fut
aussi très endommagé.

Cette chute me fit comprendre qu'il fallait devenir
plus cavalier, ce dont mes camarades, en me prêtant
leurs chevaux, me facilitèrent obligeamment les moyens.
Du reste, je prenais part aux manœuvres; je suivais
les théories et quand vint l'inspecteur général, le général comte de Préval, je figurais très honorablement
parmi les officiers du régiment, comme instruction théo-
rique et pratique.

Une année se passa ainsi très bien. La société de
bons camarades, un peu de monde, la chasse, concou-
raient, avec le service, à bien remplir mon temps.

La seconde année, je trouvai que cette existence,
dans laquelle le lendemain ressemblait d'une manière
trop complète à la veille, n'était guère supportable.

Je travaillais pour mon instruction, mais sans but
immédiat et par suite sans goût. J'avais pris en aver-
sion la société de la ville; enfin, des querelles sérieuses
au sujet d'un adjudant nommé et maintenu sous-
lieutenant au 6° hussards, au moment où un ordre
du régiment le stigmatisait pour une faute très grave,
avaient divisé les officiers. Des duels avaient eu lieu et
le colonel blâmait l'attitude prise dans cette affaire par
les officiers sortant de Saint-Cyr. Toutes ces circonstances m'avaient jeté dans un véritable spleen.

J'étais dans ces dispositions d'esprit, quand j'appris que mon frère, alors lieutenant au 26ᵉ de ligne, partait pour l'Afrique. J'obtins d'aller l'embrasser à Montpellier.

En passant à Toulouse, je rencontrai le colonel de Vilmorin, qui avait pris le commandement du 11ᵉ de ligne où je servais cinq ans auparavant. Le colonel partait aussi pour l'Algérie avec son régiment et n'avait pas de lieutenant d'état-major. Je fus autorisé par lui à solliciter cet emploi et comme au moment où je rentrais à Auch, le général de Préval y arrivait pour l'inspection générale, je lui fis ma demande qu'il voulut bien accueillir et transmettre au ministre. Mon camarade Paul Daru la fit suivre à Paris par son frère Napoléon, et huit jours après, j'avais ma lettre de service pour le 11ᵉ de ligne.

Mes bons camarades du 6ᵉ hussards me firent une conduite cordiale, et au 11ᵉ de ligne je fus reçus à bras ouverts.

Après quelques jours de cantonnement autour de Perpignan, le régiment fut embarqué par bataillon à Port-Vendres, sur le vapeur *la Chimère* qui transbordait ensuite les troupes en rade de Roses, sur le vaisseau *le Duquesne* destiné, avec le *Scipion* et *la Ville de Marseille*, à porter à Oran les troupes nécessaires pour réparer l'échec subi au mois de juin de cette année 1835, par le général Trézel, dans la plaine de la Macta.

J'annonçai de Port-Vendres à ma famille mon embarquement.

Notre traversée commença par un assez gros temps, auquel succédèrent des calmes.

Je me comportai comme un vrai marin. Deux officiers du *Duquesne,* les lieutenants de vaisseau Rigault de Genouilly et Chopart, s'intéressèrent à moi et me donnèrent même la clef de leur cabine, pour me permettre de lire, d'écrire, de me reposer, précieuse ressource dans l'état d'entassement où nous étions pour ce voyage. Il dura dix jours. Nous aperçûmes la terre d'Afrique la veille de notre arrivée; enfin, le 3 novembre 1835, vers onze heures du soir, le *Duquesne* jetait l'ancre en rade de Mers-el-Kébir.

La mer était unie, la nuit magnifique : la lune se couchait derrière les hautes montagnes qui couvrent le mouillage à l'ouest, éclairant le fort de ses dernières clartés.

Des feux de campements arabes brillaient sur le rivage que saluait la musique du 11ᵉ de ligne. J'étais en extase; une vie nouvelle s'ouvrait devant moi.

SOUVENIRS

D'UN

OFFICIER D'ÉTAT-MAJOR

CHAPITRE PREMIER

La province d'Oran. — Prise d'Alger. — Ruse du bey d'Oran. — Le
capitaine de Bourmont à Oran (août 1830). — La révolution de Juillet
retarde l'occupation d'Oran. — Le général de Damrémont à Oran
(4 janvier 1831). — Oran bloqué. — Le général de Faudoas. — Le général Boyer. — Attaques contre Oran (les 17 avril, 3, 4, 5 et 6 mai 1832). —
Abd-el-Kader devant le blockhaus d'Orléans (31 août 1832). — Le général Desmichels. — Prise de possession d'Arzew (4 juillet 1833). — Occupation de Mostaganem (30 juillet 1833). — Paix Desmichels (26 février
1834). — Circonstances de l'élévation d'Abd-el-Kader. — Le général
Trézel (8 février 1835). — Difficultés avec Abd-el-Kader. — Traité du
camp du Figuier. — Combats de Muley-Ismaël (26 juin 1835) ; de la
Macta (28 juin 1835). — Le général d'Arlanges (juillet 1835). — Le
maréchal Clausel, gouverneur général (août 1835). — Situation en septembre et octobre 1835.

La Province d'Oran a toujours passé pour la plus
belliqueuse de l'ancienne Régence d'Alger.

Au moment de l'expédition de 1830, elle était
gouvernée par le bey Hassan, dont l'autorité était fort
affaiblie, les marabouts ayant préparé de longue main
les Arabes à secouer le joug abhorré des Turcs.

De ces marabouts, le plus célèbre et le plus influent était le vieux May-el-Din, des Hachem Chera-
gas d'Eghris, dont le fils, Abd-el-Kader, était alors âgé
d'environ vingt ans.

A la nouvelle du débarquement des Français à Sidi-Ferruch (14 juin 1830), le dey d'Alger avait appelé à son aide les contingents des trois beylics d'Oran, de Constantine et de Titery.

Retardé par les délais nécessaires pour sa réunion, le contingent d'Oran n'avait pas encore quitté le Tlélate, petit cours d'eau à cinq lieues d'Oran, indiqué comme lieu de rassemblement par le bey, lorsque celui-ci reçut un courrier particulier, lui annonçant qu'Alger était au pouvoir des Français. Il se garda prudemment de divulguer la nouvelle et fit répandre, au contraire, que la guerre sainte était achevée par l'extermination des chrétiens et que leurs riches bagages étaient devenus la proie des vainqueurs.

Laissant libres de partir pour Alger ceux qui croiraient y arriver à temps pour avoir part au butin, il licencia son camp et rentra immédiatement dans Oran.

Dès le lendemain, les Arabes étaient de toutes parts insurgés.

Maître d'Alger, le général en chef, le comte de Bourmont, avait envoyé le capitaine de Bourmont, son aide de camp, avec mission d'entrer en négociation avec le bey d'Oran, qu'il trouva bloqué et trop heureux de saisir le moyen de sauver sa tête et ses richesses.

Une convention eut lieu, en vertu de laquelle les équipages de ligne de la marine occupèrent Mers-el-Kébir, en attendant que des troupes fussent arrivées d'Alger pour prendre possession d'Oran.

Le capitaine de Bourmont rentra à Alger le 3 août;

le 4, le 21ᵉ de ligne, 2 obusiers de montagne et 50 sapeurs du génie furent embarqués pour Oran.

Ces forces, sous les ordres du colonel Gondefroy, étaient en mer depuis deux jours, lorsque l'on apprit à Alger la révolution de Juillet.

Aussitôt le *Sphinx*, le seul vapeur de l'escadre, courut rappeler la flottille qu'il rencontra vite, des calmes l'ayant surprise en route; puis, continuant jusqu'à Mers-el-Kébir, il y porta l'ordre d'évacuer le fort, en faisant sauter la partie de ses remparts qui défendaient le mouillage.

Hassan resta ainsi dans sa position très précaire.

Le maréchal de Bourmont, à la suite de la révolution, fut remplacé par le général Clausel, dont les idées se portèrent bientôt vers Oran.

Il envoya pour procéder à son occupation le général de Damrémont, qui l'assura le 4 janvier 1831, sans coup férir. De Mers-el-Kébir, on vint par terre au fort Saint-Grégoire, dans lequel on mit garnison, et l'on descendit dans la ville qu'évacua la population musulmane et qu'occupèrent le 21ᵉ de ligne, quelques canonniers et quelques sapeurs.

A Alger, on avait fourni au dey et à la milice turque les moyens maritimes nécessaires pour s'éloigner; il en fut de même à Oran. On voulut alors confier cette place à la garde des troupes tunisiennes. Il fallut y renoncer; elles n'avaient ni discipline ni valeur militaire, et les Arabes en eussent eu bientôt bon marché. Ils bloquaient étroitement la ville et occupaient en permanence les jardins boisés du grand ravin de Ras-el-Aïn, fusillant tout ce qui se montrait sur les remparts. Ils venaient cependant vendre du bétail et des chevaux en assez grand nombre, pour suffire à la remonte de la cavalerie qu'on ne tarda pas à organiser et à l'approvisionnement des troupes en viande fraîche.

En avril 1831, le général de Faudoas remplaça à Oran le général de Damrémont. La situation n'offre pas de changement; ce sont de continuelles escarmouches avec les Douairs et les Smélas (élite de l'ancien Maghzen), l'effectif d'un seul régiment ne permettant autre chose que de se tenir enfermé dans la fortification.

Le 19 septembre de la même année, le général de Faudoas remet le commandement au lieutenant-général Boyer, tandis qu'à Alger, le général Berthezène à remplacé, au mois de février précédent, le général Clausel, nommé maréchal de France.

Ancien combattant d'Égypte, le général Boyer avait été choisi, à cause de la réputation qu'on lui prêtait de bien connaître les Musulmans et les moyens de rigueur propres à s'en faire craindre. Il en abusa. Quelques jours plus tard, en décembre, le duc de Rovigo succédait au général Berthezène.

Dans la Province de Constantine, le pouvoir turc était resté debout avec son bey; dans celle d'Alger et dans celle d'Oran, rien n'indiquait encore que l'hostilité des indigènes fût soumise à une direction : il allait bientôt en être autrement.

Après avoir, le 17 avril 1832, forcé une compagnie

de grenadiers, qui protégeait une reconnaissance topographique du côté de Kerguentah, à rentrer dans la ville avec une forte perte, les Arabes, les 3, 4, 5 et 6 mai, s'attaquent avec fureur au corps de place et descendent même dans les fossés du fort Saint-André. Le 31 août, à l'occasion de l'installation du blockhaus d'Orléans, destiné, par sa position avancée, à donner des vues sur la plaine du Figuier, une nouvelle lutte s'engage : Abd-el-Kader y figure avec une grande distinction.

Le 11 novembre, un autre combat a lieu pour la construction du blockhaus de Sidi-Chaban.

Le 24 avril 1833, le général Desmichels succède au général Boyer, tandis que, le mois suivant, le lieutenant-général Voirol remplace dans le gouvernement général le duc de Rovigo.

Cependant, les forces de la garnison d'Oran avaient été augmentées et le 2e chasseurs d'Afrique se constituait peu à peu en hommes et en chevaux, avec un escadron turc.

Le général Desmichels ne tarda pas à agir offensivement, en faisant, le 8 mai 1833, une première et importante razzia à Caddour-Debby, à quatre lieues d'Oran.

A leur tour, les 25, 26 et 27 du même mois, les Arabes vinrent bravement combattre autour du blockhaus d'Orléans.

Le 4 juillet, le général s'emparait d'Arzew-le-Port; le 28, il débarquait en personne dans la crique dite le Port-aux-Poules, près de la Macta, et allait résolument se rendre maître de Mostaganem, où commandait le bey Ibrahim, avec une bonne garnison qui se vit désarmer avant d'avoir pu se reconnaître.

Le général de Fitz-James eut à défendre cette conquête le 5 août suivant : les assaillants arrivèrent jusqu'à l'enceinte et tuèrent le commandant Pélissier sur le rempart.

Comme diversion, par ordre du général Desmichels, le colonel Létang tombait à Tafaravin, sur les douars des Smélas dégarnis de leurs guerriers; en les rappelant ainsi au secours de leurs familles, il dégageait Mostaganem.

Le 8 octobre, la commission chargée par la Chambre des députés de visiter l'Algérie était reconduite de Misserghin à Oran avec une vive fusillade.

Le 3 décembre, une nouvelle razzia eut lieu dans la plaine de Mélata. Le 6 janvier 1834, les Arabes attirant à leur tour nos chasseurs dans une embuscade, près du petit lac de la Daya-Morselly, les rejetèrent avec des pertes sérieuses sur la Maison-Carrée.

La paix, qui se conclut le 26 février entre le général Desmichels et Abd-el-Kader, mit un terme à ces combats et un ancien mameluck, le commandant Abd-Allah d'Asbonne, fut envoyé à Mascara en qualité de consul, tandis qu'un consul d'Abd-el-Kader vint à Oran. Il se nommait Ben-Ickro.

Ainsi se trouva consacrée la reconnaissance, par la France elle-même, de ce nouveau et puissant maître, que les Arabes de la partie centrale de la Province d'Oran s'étaient donné récemment dans le fils du marabout

May-el-Din et qu'ils avaient proclamé sultan dans la plaine d'Eghris, sous Mascara, le 22 novembre 1832.

Cet avènement mérite qu'on en examine les circonstances.

On a vu comment, après la prise d'Alger, le bey d'Oran avait dû d'abord s'enfermer dans Oran, puis y capituler : l'intérieur de la province se trouva alors livré à une terrible anarchie.

Deux partis s'y disputaient l'héritage des Turcs. Vieilli dans les coutumes du Maghzen, fier de sa noblesse, l'agha Mustapha-ben-Ismaël représentait le premier parti et s'appuyait sur les tribus puissantes des plaines de Melata, du Sig, de l'Habra, de la basse Mina et du bas Chélif. L'autre avait eu d'abord à sa tête May-el-Din et les marabouts dont les prédications ardentes avaient développé chez les tribus rayas, longtemps pressurées et opprimées, une grande exaltation religieuse et la volonté de s'affranchir.

Abd-el-Kader fut désigné pour chef à ce dernier parti par son père, qui, dans cette occasion, fit parler d'anciennes prophéties. Le jeune marabout était beau, d'une grande distinction et parfait cavalier. Il s'était fait connaître par son extrême bravoure, particulièrement le jour où devant le blockhaus d'Orléans, sous le fusil de nos soldats, il avait enlevé seul, du glacis même de la redoute, un de ses parents mortellement blessé.

D'une piété fervente, lettré, éloquent, il avait fait deux fois le pèlerinage de la Mecque et savait par cœur tout le Coran. Sa parole était entraînante ; il écrivait avec un égal talent. Élu sultan en 1832, il marcha dès lors avec une persévérance et une habileté marquées au coin du génie, vers le but de tout ramener à son obéissance.

Une grande lutte entre les partisans du Maghzen et ceux du pouvoir théocratique était inévitable ; il ne l'ajourna que pour venir combattre le chrétien, sous les murs d'Oran, puis, tout à coup, il l'engagea avec fureur.

Après plusieurs alternatives de succès et de revers, l'agha Mustapha eut le dessous et prit le parti d'aller s'enfermer dans le Méchouar de Tlemcen, seul point avec Mostaganem, où les Turcs et les Colouglis se fussent maintenus grâce à leurs murailles. Partout ailleurs ils avaient été exterminés.

Quant aux Douairs et aux Smélas, ils étaient parvenus à regagner leur territoire.

Conclue le 26 février 1834 et dans ces conjonctures, la paix Desmichels favorisa la suite des projets d'Abd-el-Kader, en assurant sa puissance dont le renversement nécessita depuis tant d'efforts. N'eût-il pas été plus avantageux, dès cette époque, de chercher à rallier le Maghzen à nos intérêts ? Était-ce possible ?

La question est délicate à trancher.

Ce qu'on peut affirmer, c'est qu'il y avait chez nous alors une ignorance, d'ailleurs bien concevable, du pays, de sa constitution et de ses hommes et que nous offrions toutes les conditions possibles d'être joués par le nouvel émir. En un mot, la paix Desmichels, conséquence des plus décevantes illusions, fut une énorme faute ; l'expérience ne tarda pas à le démontrer.

Le 8 février 1835, le commandement d'Oran passa aux mains du général Trézel.

En septembre 1834, le lieutenant-général comte d'Erlon avait remplacé le général Voirol au gouvernement, à Alger.

Le général Trézel, qui n'était pas intéressé, comme le général Desmichels, à faire durer avec tous ses inconvénients une paix regrettable, dut bientôt s'opposer aux prétentions d'Abd-el-Kader, à celle, entre autres, d'obliger les Douairs et les Smélas, qui montraient des tendances en notre faveur, à abandonner leurs territoires voisins d'Oran, pour aller se fixer dans l'intérieur.

Malgré les observations qui lui furent faites, Abd-el-Kader leur donna l'ordre d'opérer cette émigration.

Le 14 juin, le général Trézel s'établit à Misserghin, pour s'opposer à ce mouvement que pressait un neveu de l'agha Mustapha-ben-Ismaël, El Mezari, dont Abd-el-Kader avait fait son kalifa.

El Mezari avait poussé la violence jusqu'à faire arrêter, le 15, un homme marquant des Douairs qui protestait contre la décision de l'émir. On l'emmenait garrotté sur un cheval, lorsque les cavaliers de sa tribu, aidés de ceux des Smélas, parvinrent à le reprendre. C'était un Arabe de grande tente, le nommé Ismaël-Ould-Cadi, qui voua, à dater de ce jour, une fidélité à toute épreuve à la cause française.

Pour profiter de cette émotion, le général Trézel se porta le 16 juin au Figuier, à quatre kilomètres sud d'Oran. Il amenait de Misserghin 700 hommes de la légion étrangère, 600 hommes du 1er bataillon d'infanterie légère d'Afrique, 300 chasseurs à cheval et

240 canonniers conduisant 5 pièces approvisionnées à 32 coups. Il appela d'Oran 600 hommes du 66e de ligne, 3 autres bouches à feu et des munitions, ce qui porta son artillerie à 4 pièces de campagne et 4 pièces de montagne, approvisionnées chacune à 100 coups. Le nombre des cartouches fut élevé de 40 à 80 par fusil.

Dans la soirée du 16, les Douairs et les Smélas, avec l'autorisation de Mustapha-ben-Ismaël toujours bloqué dans le Méchouar de Tlemcen, vinrent au camp du général Trézel conclure avec lui l'alliance qui devait unir leur fortune à la nôtre, contre Abd-el-Kader.

C'était la guerre certaine.

Le 18 juin, le général, dans le but sans doute d'intimider l'émir en menaçant Mascara, s'avança du Figuier sur le Tlélate. Plusieurs communications y furent échangées, desquelles il ressortit jusqu'à l'évidence, qu'une rupture était imminente et les hostilités prochaines. Toutes les dispositions furent donc prises pour compléter l'organisation de la colonne. Des vivres, des moyens de transport lui arrivèrent d'Oran et l'infanterie fut employée tant à escorter les convois qu'à construire sur la rive gauche du Tlélate un retranchement qui enveloppait le camp et qui fut lui-même couvert par un ouvrage détaché sur la rive droite.

Le 21, on vit des cavaliers ennemis ; le 24, on sut que l'émir était en forces sur l'Oued-el-Hammam, rivière sur la route de Mascara ; le 25, les eaux du Tlélate n'arrivant plus au camp, parce que le ruisseau avait été barré dans son cours supérieur par les Arabes, quelques compagnies furent envoyées pour rendre la liberté au courant. Il s'ensuivit une fusillade, dans laquelle le capitaine d'état-major de La Gondie, aide de camp du général Trézel, eut un cheval tué sous lui.

Dans la matinée, l'oukil d'Abd-el-Kader, son consul à Oran, Ben-Ickro, arriva au camp pour être échangé avec le commandant Abd-Allah d'Asbonne, notre consul, qui était rappelé de Mascara.

Enfin, le 26, le général Trézel avec 2,400 hommes de toutes armes et quarante voitures, tant de l'artillerie que du génie, du train des équipages et du commerce, se mit en marche du Tlélate vers le Sig, et à huit heures du matin, l'armée de l'émir se rencontrait avec l'avant-garde de la colonne française, au milieu de la forêt de Muley-Ismaël.

Après un combat acharné, le dessus resta aux Français, et l'ennemi battit en retraite jusque dans les gorges du Sig, rivière encaissée sur la rive gauche de laquelle le général Trézel campa le soir même, au point où la route de Mascara la traversait à gué. Malgré le succès, les pertes étaient sensibles.

Le colonel Oudinot avait été tué en chargeant à la tête du 2e chasseurs d'Afrique, et la victoire ne coûtait pas moins de 52 morts et 180 blessés; les Arabes, de leur côté, avaient beaucoup souffert.

Dans la soirée eut lieu l'échange du commandant Abd-Allah et de Ben-Ickro. La nuit fut tranquille.

Le 27 se passa à correspondre avec Abd-el-Kader et à donner aux blessés des soins, aux soldats du repos. Cette inaction, qui faisait perdre un temps précieux et laissait à l'ennemi le loisir de se reconnaître, devait être chèrement payée.

La question fut agitée de marcher en avant ou de battre en retraite. Ce dernier parti prévalut. Il eût fallu prendre l'un ou l'autre dès la veille, lendemain de la victoire.

Le 28 juin au matin, on se mit en marche vers Arzew-le-Port, en longeant le Sig jusqu'au défilé formé par les collines qui dominent la Macta, défilé qu'il faut traverser pour déboucher auprès de la mer, en face du Port-aux-Poules, d'où, tournant à l'ouest, on suit le littoral du golfe jusqu'à Arzew.

La colonne ne tarda pas à être suivie, puis entourée par une multitude de cavaliers. Jusqu'à midi, tant qu'on fut dans la plaine, tout alla bien, grâce au bon ordre qui régnait dans la marche et à l'emploi du canon et il n'y eut jusqu'à cette heure qu'une quinzaine de blessés. Ce succès inspira trop de confiance. Des soldats fatigués et souffrant de la soif, trompés par le mirage, commencèrent à s'écarter des rangs pour aller chercher l'eau, qu'ils croyaient voir, jusque dans les marais et la fatalité voulut que la tête de la colonne des voitures, se jetant à droite hors de sa direction, vint s'y engager à leur suite.

Ce mouvement eut pour déplorable conséquence de faire abandonner les collines qui dominaient à gauche le défilé où l'avant-garde s'engageait, sous le feu des Arabes qui en couronnaient les crêtes. Il fallait de toute évidence reprendre les hauteurs de gauche, mais l'opération fut tentée avec trop peu de monde et sans l'ensemble nécessaire. Elle ne réussit pas, et en un instant tout fut dans un effroyable désordre, chacun quittant son rang et courant au hasard. Sans plusieurs retours offensifs dus au sang-froid et au dévouement d'un certain nombre d'officiers et de soldats, notamment du chef d'état-major de Maussion, qui se distingua entre tous, la destruction de l'armée pouvait être complète.

L'ardeur des Arabes à couper des têtes et à s'emparer des dépouilles contribua au salut commun.

La colonne atteignit la mer dont elle longea le rivage, et la poursuite devenant moins vive, il fut possible de se rallier. A huit heures du soir, on était réuni à Arzew-le-Port. La cavalerie avait fait des pertes considérables en remplissant un rôle très glorieux dans les moments les plus critiques de la journée. Toutes les voitures, sauf une, un obusier de montagne dont l'essieu s'était rompu, avaient été abandonnées, ainsi que tous les blessés du 26 et ceux de la journée du 28 qui ne pouvaient marcher. Ils furent massacrés.

Le soir, à Arzew, 600 hommes manquaient à l'appel. Abd-el-Kader ne chercha pas à poursuivre cet avantage, qu'il avait d'ailleurs acheté par des pertes nombreuses.

Le 30, l'infanterie s'embarqua à Arzew pour Oran; la cavalerie avec les chevaux du train et de l'artillerie y rentra par terre, en dérobant sa marche, mais sans être inquiétée.

Blâmé par le gouverneur général, le général Trézel se montra grand dans son malheur. Il est resté l'objet

de l'admiration des Arabes, sous le nom de El-Aaoueur
(*le Borgne*), car il avait perdu un œil à la guerre.

Le général d'Arlanges vint de France le remplacer,
vers le milieu de juillet. Le mois suivant, le maréchal
Clauzel succédait au lieutenant-général d'Erlon dans
le gouvernement de l'Algérie.

Le général d'Arlanges, aussitôt après sa prise de
commandement, exécuta quelques petits mouvements
autour d'Oran.

Le plus important fut déterminé par l'évacuation
de Misserghin, où le bey Ibrahim, ramené de Mostaganem par le général Boyer, se trouvait établi avec quelques Turcs, dans les bâtiments du beylick.

Cette évacuation fut motivée par l'approche d'Abd-
el-Kader avec des forces considérables. Il fallut de
nouveau se renfermer dans Oran et dans le blockhaus.
Les Douairs et les Smélas dressèrent leurs tentes sous
les murs de la ville.

C'est dans ces circonstances que des renforts, com-
posés des 11ᵉ, 47ᵉ de ligne et 17ᵉ léger, furent dirigés
de France sur Mers-el-Kébir, où ils débarquèrent dans
les premiers jours du mois de novembre. Ils allèrent
immédiatement à trois lieues d'Oran, dans la plaine
du Figuier, constituer un camp qui fut entouré d'un
parapet en terre avec fossé. Les compagnies d'élite du
2ᵉ léger arrivèrent d'Alger vers la même époque. L'une
d'elles était commandée par le capitaine Changarnier,
qui comptait presque, à ce moment, le temps de service
donnant droit à la retraite.

CHAPITRE II

En débarquant à Mers-el-Kébir, les régiments chargeaient les armes et se dirigeaient sur Oran par le sentier étroit, qui, à cette époque, longeait d'abord le rivage et s'élevait à hauteur du rocher d'Ozara sur les pentes nord du Santon, pour déboucher au fort Saint-Grégoire. De là, on pénétrait dans la ville d'Oran par la porte dite de Mers-el-Kébir.

Le 11e de ligne suivit de point en point le programme accoutumé et le 4 novembre 1835, à midi, nous franchissions cette porte tambours battants.

Je marchais, avec une joie mêlée de fierté, derrière le colonel, en tête du régiment. Il alla le soir même s'établir à trois lieues en avant d'Oran, dans la plaine dite du Figuier, où les troupes, destinées à des opérations prochaines, formèrent ce grand camp dont j'ai parlé et dont le parapet en terre et le fossé ne nous dispensèrent pas de quelques alertes et fusillades nocturnes.

J'obtins la permission de revenir en ville pour me monter, ce que je fis, au prix de 400 francs, d'une manière convenable. En même temps, je m'entendis avec un lieutenant d'état-major, Goujet des Fontaines, détaché au 2e léger, pour louer en ville une maisonnette susceptible de nous servir de pied-à-terre et de dépôt. Ce réduit, plus tard très fréquenté par mon camarade de passage, ne porta pas bonheur à tous ceux qui y reçurent l'hospitalité.

Je ne tardai pas à rejoindre le camp du Figuier. J'y avais passé la première nuit à la belle étoile, ce qui devait se renouveler longtemps, et avais dû à une invitation de quelques officiers d'expérience, vieux soldats d'Espagne, l'avantage de manger un peu de soupe, avant de m'étendre à terre pour dormir. Je devais vivre en commun avec le chirurgien-major, l'officier payeur et le porte-drapeau. Nous nous hâtâmes de constituer notre matériel de cuisine, mais nous nous reposâmes trop pour notre approvisionnement, sur les distributions de l'administration, alors fort mal munie de transports.

Après une vingtaine de jours donnés à l'organisation des troupes et des convois, après avoir essayé une marche de nuit, le maréchal Clausel et le duc d'Orléans étant arrivés, le corps expéditionnaire, qui comptait une douzaine de mille hommes de toutes armes, se mit en marche le 29 décembre, sur la route de Mascara.

Nous avions des soldats qui n'avaient pas vu le feu, à l'exception des zouaves, des chasseurs d'Afrique, du bataillon d'Afrique, du 66° de ligne, et encore de quelques détachements d'artillerie et du génie, combattants de la Macta.

Dès les premiers kilomètres, les Arabes coupèrent la tête à quelques-uns de nos traînards, ce qui fit rejoindre les autres. La chaleur était accablante; plusieurs hommes y succombèrent. Nous avions un convoi immense et assez mal en ordre, malgré le soin de l'intendant Berlier. Le 29, nous couchâmes sur le Tlélate, le 30 sur le Sig. Nous campions en un grand carré, avec la cavalerie, l'artillerie et les transports au milieu, et je me rappelle qu'alors je ne fis pas avec indifférence la réflexion, qu'au cœur d'un pays si ardemment hostile nous ne possédions que le terrain protégé par nos fusils, et que le moindre échec y devait prendre nécessairement les proportions d'un désastre.

Nous eûmes encore des alertes la nuit ; le cri incessant du chacal privait nos soldats de repos et les inquiétait.

Le 1er décembre, vers midi, le maréchal fit prendre les armes à quelques bataillons et à la cavalerie, pour aller reconnaître l'ennemi, établi en vue, dans les gorges d'où le Sig débouche dans la plaine.

L'artillerie emmena plusieurs pièces. L'opération fut confiée au général Oudinot, dont le frère avait été tué à la Macta ; le colonel de Vilmorin du 11e de ligne commandait l'infanterie. Je l'accompagnai : c'était la première fois que j'allais voir une affaire de guerre. Elle ne tarda pas à s'engager chaudement et même à se compliquer ; heureusement le maréchal arriva à propos pour nous ramener au camp. Les Arabes s'étaient montrés fort ardents et très nombreux et nous eûmes une centaine d'hommes hors de combat.

C'est là que je vis pour la première fois le jeune et déjà illustre commandant de Lamoricière.

Monté sur un cheval équipé à l'arabe, dans la tenue des officiers de zouaves, coiffé d'un tarbouch rouge d'où s'échappaient ses longs cheveux noirs, un grand sabre droit à la main, il était plein d'action, d'entraînement et pourtant de sagesse, dans la conduite de ses intrépides soldats ; une auréole de génie et de gloire rayonnait autour de cette belle figure, que j'ai toujours devant les yeux telle qu'elle m'apparut dans ce premier combat ; aucune ne m'a donné depuis la même émotion.

Le baptême du feu venait de consacrer mes services passés. A notre rentrée au bivouac, le colonel de Vilmorin parla, devant les officiers du régiment, de mon début, dans des termes qui me rendirent très heureux.

Du Sig, nous suivîmes le pied des montagnes des Ferragas pour gagner l'Habra. La fusillade éclata dès le départ, de tous côtés. A hauteur des marabouts de Sidi-Embareck, des forces assez nombreuses et une batterie dont les boulets ricochèrent dans nos colonnes, furent tout à coup démasquées. Nos troupes se jetèrent sur la position et l'enlevèrent avec élan ; le général Oudinot, qui commandait la brigade d'avant-garde, y fut blessé.

On se battit encore le lendemain avant de pénétrer dans la montagne d'El-Bordj ; trois jours après, le maréchal Clausel entrait dans Mascara.

La brigade d'Arlanges avait été arrêtée avec le convoi, près du village d'El-Bordj que le 11ᵉ de ligne occupa ; nous y soutînmes une fusillade incessante jusqu'au retour du maréchal.

Le duc d'Orléans l'avait accompagné à Mascara qui fut brûlé.

La petite armée prit alors la route de Mostaganem par la plaine de Ceyrat, où l'ennemi cessa de nous suivre sérieusement. Depuis notre arrivée dans la montagne jusqu'au moment où nous en sortîmes, la pluie n'avait pas discontinué, les chemins étaient impraticables ; les chameaux qui portaient nos blessés et nos vivres tombaient à chaque pas et périssaient dans la boue.

On ne faisait plus de distributions : les mieux traités furent ceux qui surent trouver du grain dans les gourbis et dans les silos. J'eus ainsi du blé à manger et de l'orge pour mon cheval. Nous bivouaquions sans abris ; on juge de l'état dans lequel se trouvaient nos troupes, dans ces conditions.

Mostaganem ne pouvait les contenir. Après s'y être ravitaillées, elles regagnèrent Oran en quatre marches. En y arrivant, un quart de l'effectif dut entrer aux hôpitaux, installés dans les mosquées et les synagogues.

La mortalité atteignit un chiffre qui ne fut pas inférieur au dixième de l'effectif des troupes, au départ pour l'expédition.

On payait ainsi chèrement l'inexpérience du soldat et celle de l'administration militaire. Aucune démoralisation n'avait, du reste, gagné nos rangs ; les hauts talents du général en chef avaient tout de suite inspiré à nos jeunes troupes une grande confiance ; seulement, les distributions régulières manquaient à l'entretien des forces physiques.

Je fus très souffrant à Mostaganem ; je me remis, en m'appliquant autour du corps, sous mes habits, une ceinture turque que je n'ai pas quittée en campagne depuis. J'attribue à cette précaution, que je recommande aux jeunes, ma bonne santé pendant de si longues et rudes années de guerre.

Le duc d'Orléans, qui s'était attiré toutes les sympathies de l'armée, partit de Mostaganem pour la France, sans même pouvoir passer en revue les troupes, tant il était malade.

Au bout de quinze jours à Oran, le maréchal, réunissant ce qui était valide, composa une colonne de 6,000 à 7,000 hommes et nous partîmes pour Tlemcen, où Mustapha-ben-Ismaël était de plus en plus resserré dans le Méchouar par Abd-el-Kader.

Notre opération de Mascara avait produit un effet considérable dans les plaines basses de l'Habra, du Sig et de la Mina inférieure, peuplées d'anciennes tribus maghzen ; mais comme nous n'avions pas laissé dans la place les forces nécessaires pour maintenir ce résultat et le développer, Abd-el-Kader s'était aussitôt relevé du coup que nous lui avions porté et il ne tarda pas à être de nouveau devant nous.

Comme à Mascara, nous conduisions à Tlemcen du canon de campagne et des transports roulants, c'est-à-dire ce qui peut embarrasser le plus dans un pays sans routes.

Nous arrivâmes sans combat à Tlemcen. Mustapha-ben-Ismaël fêta notre venue par des salves d'artillerie et sortit du Méchouar au-devant du maréchal. L'armée put se loger dans cette grande ville, qui portait partout les traces d'anciennes et de récentes hostilités et se trouvait presque déserte, les habitants ayant tous fui à l'exception des Colouglis.

Nous trouvâmes dans les maisons un petit approvisionnement en grains et des petits moulins arabes ; d'ailleurs, les moulins à eau des environs, non plus que les fours, ne firent défaut. L'administration fut assez promptement en mesure de distribuer du pain, et, grâce à une razzia du général Perrégaux dans les gorges d'Ibdar, nous fûmes aussi munis de ressources suffisantes en viande. Les jardins et les démolitions fournissaient du bois de chauffage, car l'hiver de Tlemcen est celui du nord de la France : il y neige fréquemment.

Tlemcen est à trente-deux lieues d'Oran et à dix seulement de la mer, prise à la basse Tafna. Vis-à-vis de l'embouchure de cette rivière s'élève, à une demi-lieue en mer, la petite île volcanique de Raschgoun ; des approvisionnements y avaient été envoyés d'Oran, plusieurs navires étaient mouillés sous l'île.

Avant de partir d'Oran, le maréchal avait fait entrer

dans ses projets d'aller de Tlemcen se ravitailler à Raschgoun et d'ouvrir une route qui, une fois Tlemcen occupé pour dominer l'ouest de la province, mettrait cette place en communication avec la mer.

En effet, le 24 janvier, le maréchal quitta Tlemcen avec 4,000 hommes, emmenant tous ses malades sur des prolonges et, le 25, il vint camper au confluent de l'Isser et de la Tafna. Ce jour-là, l'ennemi commença à se montrer très nombreux ; on combattit chaudement toute la journée du 26, le 11ᵉ de ligne couvrant l'ambulance, le convoi et la réserve d'artillerie.

Mon régiment soutint les principaux efforts de l'ennemi, qui traversa ses lignes un instant.

Le lendemain, l'affaire recommença, et le maréchal dut reconnaître l'impossibilité de franchir, sans de grosses pertes tout au moins, la contrée accidentée qui nous séparait de l'embouchure de la Tafna. Nos voitures rendaient cette tentative encore plus périlleuse.

De gros contingents kabyles et marocains arrivaient à chaque instant et, bien que la veille nos armes eussent été heureuses, nous n'avions pas découragé nos nombreux adversaires.

Nous étions donc dans un véritable embarras, obligés de renouveler des retours offensifs pour nous dégager et, en somme, dans une situation presque critique, lorsque, tout à coup, la canonnade retentit sur notre gauche. C'était le général Perrégaux qui, entendant de Tlemcen le bruit de cette lutte prolongée, accourait au feu. Son arrivée comme diversion fut du plus heureux effet.

Notre retour sur Tlemcen s'accomplit alors sans dif-

ficulté ; les Arabes cependant firent retentir l'air de dé-
charges de mousqueterie, ce qui indiquait qu'ils se
regardaient comme victorieux.

Bientôt, le maréchal se prépara à ramener l'armée
à Oran, en laissant toutefois une garnison dans le Méchouar.

Tlemcen comptait 5,000 à 6,000 de ces Turcs et Colouglis, qui, précédemment, avec Mustapha-ben-Ismaël,
avaient résisté aux efforts d'Abd-el-Kader jusqu'à notre
arrivée. Notre secours leur coûta assez cher : ils durent
payer à la France une contribution de guerre, dont la
perception entraîna de regrettables rigueurs.

La garnison laissée dans le Méchouar se composa de
600 volontaires, sous les ordres du capitaine du génie
Cavaignac. Avec une force aussi peu considérable, il
allait établir sur la ville, dont la population était mal
disposée pour nous, une autorité juste et ferme, en
même temps qu'il ferait respecter ses dehors à distance ;
bel épisode de la vie d'un homme, chez lequel l'élévation
de l'âme dominait toutes les qualités d'une organisation d'élite.

Après avoir approvisionné la garnison pour six
mois avec des grains recueillis dans la ville, le maréchal Clausel, laissant au capitaine Cavaignac tous
les malades, reprit la direction d'Oran par une route
autre que celle qui nous avait amenés. Il fallait qu'il
comptât beaucoup sur sa bonne étoile pour s'engager
avec cinq jours de vivres seulement et des transports
roulants, dans une marche de près de quarante lieues,
à travers un pays qui n'était connu que par rensei-

gnements; mais il avait acquis dans les guerres d'Espagne un tel sentiment du terrain que, d'un coup d'œil, il en devinait les obstacles et les voies de communication naturelles.

Au passage des contreforts du Lerdjam-el-Aïssaoui, il nous fit admirer son habileté dans la conduite d'une marche en retraite devant l'ennemi. Par un jeu d'échelons qui tint constamment celui-ci en échec, il lui infligea des pertes considérables sans en subir presque aucune.

C'est dans cette journée que je vis faire, pour la première fois, un usage étendu des fusées à la congrève, d'ailleurs, avec des résultats contestables; ces engins étaient médiocres.

Jusqu'auprès d'Oran, nos nuits furent inquiétées par d'audacieux voleurs : un cheval fut enlevé contre la tente du maréchal et un pauvre soldat assassiné à deux pas du buisson de palmiers nains dans lequel je m'étais enfoncé pour dormir.

Je fis toute cette route à pied, mon cheval boitant d'un clou de rue. Près d'arriver en ville, j'appris, d'officiers venus à notre rencontre, que j'étais nommé capitaine, du 20 décembre 1835. J'eus le plaisir de recevoir des lettres de ma famille; j'en étais privé depuis cinquante jours.

De Tlemcen, j'avais pu profiter pour écrire, d'un homme à pied porteur de dépêches du maréchal, le seul émissaire, sur trois, qui eût réussi à venir d'Oran; les deux autres avaient été dévorés par les lions, dans Krouilis-Djebel.

Je retrouvai à Oran ma petite maison, qui, je l'ai dit, ne portait pas bonheur à ses locataires. En voici la preuve. J'y avais laissé mon camarade Goujet des Fontaines, trop malade au moment de notre départ d'Oran pour suivre son régiment à Tlemcen. Quand il fut mieux, il reprit son service et accompagna une corvée de bois du côté de la montagne des Lions. S'étant un peu écarté, il fut attaqué par des Arabes et eut le bras droit brisé par une balle. On vint heureusement à son secours, mais la gravité de la blessure nécessita l'amputation. La place qu'il laissa vacante dans notre habitation commune fut occupée successivement par deux officiers d'infanterie, amis de mon frère au 26e de ligne, MM. Saal et Freytag : celui-ci fut tué quelques semaines plus tard ; l'autre, grièvement blessé à la mâchoire, mourut des suites de sa blessure. Après eux, vint un jeune officier du 11e de ligne nommé Lahure, qui, l'année suivante, fut emporté par la fièvre, à Bône.

Le maréchal Clausel, laissant au général d'Arlanges le commandement de la province d'Oran, s'embarqua pour Alger le surlendemain de son retour de Tlemcen (19 février 1836).

CHAPITRE III

Resté à Oran avec la mission de tenir la campagne, le général Perrégaux, quelques jours après le départ du maréchal, se portait par une marche de nuit contre les Garabas, campés au delà du Sig dans la vallée du Chrouf. Je fus attaché à cette expédition, pour y être chargé du service topographique.

Je m'affligeais d'être encore employé ainsi et j'avais grand tort.

A la guerre, les travaux topographiques doivent

porter bonheur, s'ils ont tout le développement qu'ils comportent, c'est-à-dire si, au delà des levés, ils s'étendent à la statistique du pays, à l'étude de son état politique et militaire. L'officier qui joindra à ces études la connaissance de la langue parlée sur le théâtre de la guerre, qui se montrera actif, intelligent, de bonne volonté et résolu, obtiendra promptement la considération et la bienveillance du commandement et en attendant qu'il recueille des bénéfices légitimes de sa carrière, il aura la plus douce des satisfactions, celle de se rendre utile.

Dans l'opération en question, j'eus à porter des ordres, au milieu de la mêlée qui s'était engagée entre les chasseurs à cheval et les Garabas, qui protégeaient la fuite de leurs femmes et de leurs enfants, avec le courage du désespoir.

Nos cavaliers du Maghzen étaient aussi accourus au combat. Parmi les plus ardents se distinguait le fils d'un de nos chefs, âgé de douze ans à peine; une balle le frappa à mort. L'on vit alors un vieux serviteur nègre relever le corps de ce noble enfant et, le jetant en travers de sa selle, l'emporter au galop du champ de bataille. Rien ne manquait pour rendre ce tableau très touchant.

Nous couchâmes sur le Sig et le lendemain, sur le Tlélate, où nous fûmes attaqués un peu avant la pointe du jour; mais nos soldats, ayant entendu l'ennemi qui s'approchait dans l'obscurité, s'embusquèrent derrière les feux de bivouac et reçurent à bout portant les assaillants, qui laissèrent sur le terrain du sang, des armes et des éperons.

A peine rentrée à Oran, la même colonne repartit pour une nouvelle opération. Cette fois, le général Perrégaux me donna place sous sa tente et à sa table.

Nous débutâmes par un coup de main très heureux, dans la plaine de Ceyrat, sur les Ferragas. Le caïd de Calaâ, Si-Mohamed-Djelali, fut tué dans l'action; il était d'une taille et d'une grosseur prodigieuses.

La veille, j'avais eu un grand bonheur : un chasseur d'Afrique, qui, au passage de la Macta, s'était imprudemment écarté du gué, s'enfonça dans la vase avec son cheval: cavalier et monture se noyaient, personne ne leur portait secours. Je m'élançai et, me penchant sur l'encolure de mon cheval qui tint pied, je réussis à saisir le chasseur et à le tirer jusqu'au bord. Les officiers de mon régiment me complimentèrent.

De l'Habra, le général Perrégaux poursuivit ses succès, en pénétrant le lendemain dans le massif de Sidi-Bouziri; puis nous gagnâmes Relizane, sur la Mina, où nous fûmes ralliés par la cavalerie des anciennes tribus maghzen du Chélif. Elles pensaient que le moment était venu de secouer l'autorité d'Abd-el-Kader, récemment ébranlée et qui leur était odieuse.

L'année précédente, il avait fait mourir en prison, à Mascara, un de leurs chefs, Sidi-Laribi, marabout vénéré; ses enfants vinrent se présenter à notre camp.

Combien semblait facile alors la soumission de la province d'Oran !

Cette perspective rendit plus douloureuse au général Perrégaux l'exécution de l'ordre de se rabattre promptement sur Mostaganem et d'y faire embarquer pour Alger une partie des forces dont il disposait ; le 11ᵉ de ligne était compris dans ce départ.

Entre la Mina et Surkelmitou, nous eûmes à soutenir un combat assez vif où l'agha El-Mezari fut blessé ; il nous coûta quelques pertes, d'autant plus regrettables qu'elles étaient désormais sans objet.

Les Arabes qui nous avaient ralliés s'éloignèrent avec le deuil d'avoir vu leurs espérances s'évanouir et de s'être compromis.

Le 1ᵉʳ avril, nous rentrâmes à Oran.

Le général d'Arlanges, qui commandait la province, me fit prévenir que je continuerais à remplacer dans le service topographique le capitaine Maligny, en congé de convalescence. Le général Perrégaux me proposa pour la croix de la Légion d'honneur ; il se rendait à Alger, d'où il daigna plusieurs fois m'écrire. Sa carrière se termina l'année suivante ; voici dans quelles circonstances :

Quand le général de Damrémont fut emporté par un boulet au second siège de Constantine, le général Perrégaux se précipita sur lui dans un mouvement de désespoir ; en ce moment, une balle lui brisa l'os du nez et pénétra dans la voûte du palais, d'où elle ne put être extraite. Malgré cette blessure, le général continua ses fonctions de chef d'état-major général ; mais bientôt, une affection d'entrailles déjà ancienne vint compliquer son état de souffrance ; il consentit trop tard à s'embarquer pour la France et mourut en Sardaigne, où le navire avait dû relâcher. Ce fut une grande perte.

Pendant que nous opérions dans l'est, le général

d'Arlanges avait poussé jusqu'à Bridia, à six lieues d'Oran, une reconnaissance qui ne fut signalée par aucun événement. Renforcé du peu de troupes que lui avait ramenées le général Perrégaux, il se proposa de franchir la chaîne du Tessalah pour obtenir la soumission des Beni-Amer. Avait-il dessein, dès lors, de se lancer jusqu'à l'embouchure de la Tafna, pour tenter de mettre ce point en communication avec Tlemcen, comme le maréchal Clausel avait eu intention de le faire? Un ordre du maréchal lui faisait-il un devoir de cette entreprise pleine de danger? On doit le croire.

Le 7 avril, le général d'Arlanges sortit d'Oran avec 2,400 hommes, ayant dans le sac cinq jours de vivres et treize autres jours de vivres sur des prolonges et des transports irréguliers. Le deuxième jour de marche, on campa dans la gorge de l'Oued-Haimer, un peu au-dessus de son débouché dans la plaine de Melata. Cette gorge est si étroite, que les voitures et l'artillerie de campagne n'eussent pu retourner en arrière, si la nécessité s'en était présentée. Quatre jours furent employés à tracer, vers le col de Zertheta, une route carrossable, qui devait nous permettre de passer le Tessalah en ce point abaissé, pour déboucher au cœur des Beni-Amer. Ceux-ci nous laissèrent exécuter ce travail et piller leurs silos.

Le cinquième jour, quittant l'Oued-Haimer, dont les eaux saumâtres nous avaient donné beaucoup de malades, renvoyés en un convoi sur Oran, nous prîmes la direction de Raschgoun. C'était entreprendre au-dessus de nos forces, nous en avions bien le sentiment.

Le 15, à Davel-Atschen, nous eûmes un combat qui nous coûta 15 morts et 70 blessés en fort peu de temps. Le début de l'action fut plein d'incertitude; Mustapha-ben-Ismaël et le colonel Combes la menèrent cependant à bonne fin, et, le 16, nous arrivâmes au bord de la mer, vis-à-vis Raschgoun.

Le camp fut établi près de l'embouchure de la Tafna, entre le rivage, la rive droite de la rivière et les collines qui dominent cette rive.

Le colonel Lemercier, commandant le génie de l'armée, arrivait en même temps d'Alger par mer, avec la mission de fonder à l'embouchure de la Tafna l'établissement destiné à servir de point de départ à la communication projetée entre la côte et Tlemcen. Une corvette de l'État déposa sur l'île des munitions de guerre et quelques pièces de canon. Plusieurs furent même mises à terre, mais les navires qui devaient apporter des vivres ne parurent pas.

Dans l'intervalle, la mer était devenue mauvaise à ce point, qu'on ne pouvait amener à terre le peu d'approvisionnements existant encore dans l'île, dont la garnison manquait de son côté d'eau douce.

Notre cavalerie fourrageait au jour le jour, coupant les moissons sur pied et vidant les silos voisins : le pays était complètement abandonné autour de nous.

Le 24 au soir, le général, avec 1,200 hommes, sans sacs, deux escadrons, deux obusiers de montagne et deux pièces de campagne, traversa à gué la Tafna, sur la barre qui ferme son embouchure. Son but était de reconnaître comment on pourrait gagner Tlemcen

par la rive gauche, la rive droite paraissant trop accidentée. On partit la nuit pour ne pas donner l'éveil à
l'ennemi.

A la pointe du jour, la cavalerie qui, avec notre
Maghzen, s'était laissée entraîner jusqu'à la mosquée
de Sidi-Yacoub, à la poursuite de quelques troupeaux,
rencontra de gros rassemblements, contre lesquels les
deux obusiers de montagne brûlèrent tout d'abord la
plus grande partie de leurs munitions.

Nous avions d'ailleurs commencé immédiatement
un mouvement rapide de retraite, mais l'orage nous
atteignit bientôt.

Les deux canons de campagne, qu'un hasard nous
avait fait emmener la veille, appuyèrent puissam-
ment les efforts héroïques de notre arrière-garde et
de nos flanqueurs. Les Kabyles nous suivaient en
masses si compactes, que les boulets ouvraient des
rues au milieu d'eux, faisant voler en l'air des vêtements et des débris humains; mais rien ne refrénait
l'ardeur de leurs attaques. Les pièces de montagne
furent prises et reprises; tout soldat qui tombait était
sur-le-champ massacré.

Le général d'Arlanges, son aide de camp, son chef
d'état-major furent blessés presque en même temps.
Je fus chargé de prévenir le colonel Combes qu'il eût
à prendre le commandement; il fit ce qu'il y avait à
faire.

Pendant que les dernières compagnies tenaient à
toute extrémité, au risque d'être sacrifiées complètement au salut commun, il pressait la retraite. Les

cartouches s'épuisaient d'autant plus vite qu'on n'avait pas emporté, la veille, les sacs où chaque homme place sa réserve de munitions.

Enfin, nous descendîmes dans la plaine. Des chevaux tout équipés, nos tués et beaucoup de blessés, des coffrets de montagne, des tambours, des armes, avaient été abandonnés.

Le pillage ralentit les efforts de l'ennemi, dont les pertes furent du reste quadruples des nôtres.

L'artillerie du camp put enfin nous protéger et contenir une grosse colonne, qui longeait la Tafna pour nous couper la retraite. Nous regagnâmes sans déroute notre bivouac, qu'on se mit sur-le-champ à couvrir d'un retranchement; des épaulements protégèrent les grand'gardes.

Dans cette matinée, nous perdîmes 60 hommes, dont 3 officiers ; nous ramenâmes 280 blessés, dont 17 officiers ; les amputations furent nombreuses et presque toutes suivies de mort. Dans l'état-major du général, sur les 8 officiers ou sous-officiers qui le composaient, 1 officier fut tué et tous les autres, excepté moi, furent blessés. Tous nos chevaux furent frappés plus ou moins gravememt; le mien à l'épaule.

Le moral des troupes résista à cette épreuve; le soir même, on alla au fourrage, dans la direction où l'on venait de combattre.

C'est dans ces conditions que fut créé l'établissement de la Tafna; on travaillait et on combattait. Chaque jour, nous étions attaqués d'une manière plus ou moins sérieuse; un soir, nous crûmes que nous allions être forcés dans nos retranchements, tant fut rapide le refoulement de nos fourrageurs.

La continuité du mauvais état de la mer compliquait la situation, les vivres étaient épuisés, on se disputait la viande des chevaux qu'on tuait à l'ennemi ou morts de maladie ; des ordres furent même donnés pour l'abatage et la mise en distribution des chevaux d'artillerie. Les malheureuses bêtes mouraient de faim. Cette crise fut longue, puisque c'est le 20 mai seulement que la troupe commença à recevoir la ration entière.

Cependant, le général Bugeaud arrivait de France pour remplacer le général d'Arlanges et amenait trois régiments d'infanterie.

Il se disposa aussitôt à reprendre l'offensive, réunit les troupes, leur parla et conquit promptement leur confiance.

Malgré la vive opposition qui lui fut faite, il résolut de ne plus conduire dans ses colonnes ni artillerie de campagne ni transports roulants, les transports ne devant plus consister qu'en animaux de bât et l'artillerie de montagne lui paraissant très suffisante contre des gens qui n'en avaient aucune.

Cette modification, qui ne nous astreignait plus à suivre des routes carrossables, qu'il fallait le plus souvent ouvrir et à éviter les régions accidentées, eut une importance immense sur les résultats des opérations, qui, à force d'activité et de patience, finirent par assurer notre domination.

Le 12 juin, nous rompîmes ce blocus qui durait

depuis le 25 avril ; nous partîmes au milieu de la nuit nous dirigeant sur Oran par le pays des Oulassas ; le lendemain matin, on combattit avec succès ; il faisait très chaud.

A l'approche de l'Oued-Rhazer, un bataillon du 62e, fatigué de la marche qu'on venait de faire et surpris par une attaque soudaine de cavalerie, se pelotonna autour de son drapeau ; on le dégagea immédiatement. Cet incident n'avait rien de surprenant chez de jeunes troupes ; depuis leur arrivée il s'était produit devant Raschgoun des fusillades nocturnes entre avant-postes, qui nous avaient coûté une vingtaine d'hommes.

Le 16 juin, nous entrions à Oran.

Un grand convoi y fut réuni en toute hâte et, après un séjour de quarante-huit heures, nous nous remîmes en route pour Tlemcen. La place, très étroitement cernée, ne donnait plus de ses nouvelles ; il était urgent d'y porter un ravitaillement.

Le général Bugeaud m'avait offert une place à sa table.

Il était bienveillant pour tout le monde, mais il avait alors contre l'Afrique et contre certains hommes voués à cette conquête, qu'il désapprouvait comme ruineuse et compromettante pour son pays, des préventions qu'il était loin de dissimuler. Le lieutenant-colonel de Lamoricière et le capitaine Cavaignac, plus particulièrement parmi quelques autres, n'étaient pas épargnés dans les discussions, toujours ardentes, que le général ne cessait d'engager.

Nous étions arrivés à moitié chemin de Tlemcen, sur le Sinan supérieur et nous dînions, lorsque la conversation prit son cours avec plus de vivacité contre les officiers que je viens de nommer. Je ne résistai pas au besoin de protester et je le fis dans des termes trop vifs qui blessèrent le général ; il me regarda d'un air très mécontent, toutefois la tempête n'éclata pas.

Le lendemain, nous arrivions sur l'Isser ; la journée avait été brûlante et l'ordre de la marche s'en ressentait un peu.

Le général, pressé de reconnaître le bivouac, s'était porté en avant avec son état-major, et je le précédais de quelque cent pas. Au moment où je dépassais, avec les premiers éclaireurs, les crêtes des collines de la rive gauche de l'Isser, je me trouvai en face d'une centaine de cavaliers. Je vins en prévenir le général, en lui disant que l'ennemi était là ; il me pressa de m'expliquer. Quand je lui eus fait connaître ce qu'il en était, il se récria beaucoup sur le mot *l'ennemi* dont je m'étais servi et en qualifia d'une manière peu obligeante le malencontreux emploi. Me sentant piqué, je me plaignis très haut des expressions qui venaient à mon adresse. Le débat s'échauffant, je finis par dire que je prétendais à tout prix à des ménagements ; le général me menaça alors de me faire marcher à la queue de la colonne et de m'embarquer aussitôt qu'on arriverait à Raschgoun.

De l'Isser à Tlemcen, il restait une marche ; nous en avions parcouru le premier tiers, lorsque l'arrière-garde fut attaquée par des cavaliers de bonne mine et assez nombreux. Le général voulut les attirer dans une embuscade d'une centaine de voltigeurs, en les excitant par une tiraillerie de nos spahis : son piège fut éventé. Il se décida à faire charger par les spahis eux-mêmes. Il cherchait des yeux un officier pour en porter l'ordre ; je m'offris du regard. La rancune le retint un instant, après lequel il me prescrivit d'aller prévenir le commandant de l'escadron de faire cesser le feu et de courir le sabre à la main sur l'ennemi. Celui-ci s'était déployé habilement en arrière de deux ravins, qui, prenant leur origine commune à la route, avec une direction opposée, formaient entre leurs têtes un étroit défilé. J'arrivai sur ce point, en avant de la charge, sous un feu de file qui jeta de suite à terre six ou huit spahis derrière moi. C'était l'insuccès.

Je revins au pas, sous une grêle de balles, auprès du général ; il avait tout vu. Il m'envoya chercher trois escadrons de chasseurs pour prendre ma revanche, ce qui réussit à souhait, d'autant mieux que Mustapha-ben-Ismaël, qui s'était écarté sur la gauche, arrivait précisément pour appuyer cette deuxième attaque.

Le soir, à Tlemcen, le général réunit son état-major et nous dit que, parfois, on pouvait se heurter dans des appréciations, mais qu'en campagne surtout, il n'en fallait garder aucune impression fâcheuse et ne penser qu'à bien servir. Il termina en nous donnant l'assurance de son estime et de son affection. Je sentis vivement ce généreux mouvement. Je fus cité à l'ordre pour la petite affaire du matin.

Nous avions trouvé à Tlemcen une garnison fatiguée par les privations, mais d'un moral excellent. Elle n'avait cessé de maintenir l'ordre dans la ville et s'était fait redouter dans la banlieue, malgré son petit nombre, par ses coups de main audacieux. Le capitaine Cavaignac justifiait hautement le choix du maréchal Clausel.

Après un court repos, notre colonne, grossie des Colouglis de la ville, quitta Tlemcen pour aller chercher pour cette place un deuxième convoi à la Tafna. Nous y arrivâmes sans combat et, le 4 juillet, nous étions en retour sur Tlemcen.

Nous vînmes coucher ce jour-là, sur la rivière, au débouché de la vallée dite Oued-el-Atach. Une reconnaissance faite le long de la Tafna eut pour objet de donner à croire à l'émir que, le lendemain matin, nous suivrions cette direction sur laquelle, en raison des difficultés du terrain, il comptait combattre avantageusement.

Tandis qu'il prenait ses dispositions dans ce but, le colonel Combes, gravissant au milieu de la nuit les pentes de Seba-Chioukr, tournait les obstacles occupés et s'assurait, sans coup férir, du col du même nom. Nous le passâmes dans la matinée et à une heure de l'après-midi, sans avoir brûlé une amorce, nous étions campés au-dessus et dans l'angle du confluent de l'Isser et de la Sikkak. La démonstration de la veille avait donc parfaitement réussi, et Abd-el-Kader devait recourir à un nouveau projet pour nous empêcher d'introduire notre convoi dans Tlemcen.

En effet, nous vîmes défiler à petite distance, pendant tout l'après-midi, une très nombreuse cavalerie qui, drapeaux déployés, sortait de la gorge de la Tafna où elle nous avait attendus. Elle vint s'établir sur l'Isser, à une lieue en amont de notre bivouac, tandis que l'infanterie régulière et les contingents kabyles prenaient position à une lieue en aval.

Avant la nuit, le général Bugeaud alla reconnaître la route qu'il suivrait le lendemain pour gagner Tlemcen.

Il en existe deux : l'une directe, mais difficile ; l'autre, plus longue, qui, après avoir conduit à un gué de la Sikkak, fait déboucher sur un plateau d'un parcours facile. A deux heures du matin nous prîmes cette dernière direction.

Un brouillard épais déroba nos mouvements pendant les premières heures du jour. Les troupes, passant la Sikkak aussi rapidement que possible et gravissant sans arrêt sa berge gauche, se formèrent en un carré long à l'entrée du plateau. L'agha Mustapha-ben-Ismaël faisait l'arrière-garde. Au passage de la Sikkak, elle fut serrée de près par la cavalerie ennemie ; l'agha y fut blessé d'une balle, qui lui brisa le petit doigt de la main droite.

En ce moment, à l'autre extrémité de la colonne, l'infanterie régulière de l'émir, rendue audacieuse par le souvenir du succès de Sidi-Yacoub, se ruait avec fureur contre nos lignes à peine établies sur le plateau ; le 2ᵉ chasseurs d'Afrique dut immédiatement charger.

Le général Bugeaud le lança en s'écriant de sa voix

puissante : *Allons, braves chasseurs! au nom du Roi et pour l'honneur de la France, chargez!*

Cette première attaque ne réussit pas; mais les escadrons, promptement reformés, la renouvelèrent un instant après avec l'appui de nos vieux bataillons, qui se portèrent en avant la baïonnette croisée. Cette vigoureuse offensive nous donna la victoire. Un bataillon régulier, cerné sur un contrefort escarpé, fut fait prisonnier en partie; ailleurs, beaucoup d'hommes périrent en se précipitant du haut des escarpements plutôt que de se rendre; la cavalerie s'échappa par la plaine. La masse principale de l'infanterie régulière et irrégulière s'enfonça dans les montagnes de la rive droite de l'Isser, après avoir réussi à mettre cette rivière entre elle et nous.

Ce beau succès nous coûta une trentaine de tués ou blessés.

C'était la première fois depuis le commencement de la guerre d'Afrique, que l'on faisait d'aussi nombreux prisonniers; 150 environ furent envoyés en France; ils y furent bien accueillis, bien traités et en conservèrent un bon souvenir. Cela ne les empêcha pas toutefois, après leur rentrée de captivité, de porter les armes contre nous, ce qui était du reste on ne peut plus légitime.

Je fus cité et proposé pour la croix de la Légion d'honneur dans le rapport même de l'action. Je faisais près du général Bugeaud les fonctions d'aide de camp, le titulaire étant rentré en France. Le général voulut m'envoyer à Paris avec les drapeaux pris; je le remerciai de cet honneur qui, je ne sais pourquoi, me paraissait embarrassant.

Un plan du terrain, avec les mouvements de troupe, avait été joint au rapport; j'eus le plaisir de voir ce plan lithographié et distribué à de très nombreux exemplaires.

Quelle distance entre cette vie pleine d'attraits et celle que je menais neuf mois auparavant dans l'oisiveté d'une garnison !

Ma famille eut sa part dans ma joie, une ordonnance royale du 30 août 1836 m'ayant fait chevalier de la Légion d'honneur.

Je fus, vers cette époque, admis dans le cadre du corps d'état-major, c'est-à-dire dispensé de reparaître dans l'infanterie et confirmé dans mes fonctions topographiques, jusque-là provisoires.

Après sa victoire, le général Bugeaud avait poussé jusque sur la Tafna, vis-à-vis des marabouts de Sidi-bou-el-Nouar ; le lendemain, il rentra à Tlemcen et y fit séjour. J'y arrivai avec un accès de fièvre très violent, suite d'un bain pris dans la Tafna, sous un soleil ardent. Une large saignée et une hémorrhagie intense me tirèrent d'affaire; le lendemain, j'accompagnai une colonne qui allait enlever des grains chez les Beni-Ournid.

Les approvisionnements de la garnison française du Méchouar et des habitants se trouvant ainsi relevés, nous prîmes la route d'Oran. Le général Bugeaud s'y embarqua pour Alger et rentra en France, où il était question de former un corps d'armée sur la frontière d'Espagne. Le général Létang le remplaça avec le titre de commandant de la province.

Dans celle d'Alger, la guerre n'avait pas encore amené de résultats appréciables : le maréchal Clausel avait bien ouvert une route jusqu'au col du Mouzaïa, mais la Métidja n'en était guère plus à nous.

CHAPITRE IV

Le général Létang ne laissa aux troupes que quelques jours de repos et, dès le commencement d'août, il se porta sur le versant sud du Tessalah, par la route que nous venions de tenir avec le général Bugeaud, dans notre retour de Tlemcen.

Notre première marche fut des plus pénibles, à cause du vent du sud, qui nous força à nous arrêter avant d'avoir pu atteindre les eaux du Tlélate. La chaleur et la soif nous soumirent à de cruelles souffrances ; plus de cent hommes furent saignés.

Les suicides, qui avaient été très communs dans le

cours des précédentes opérations, se renouvelèrent. Le général, son chef d'état-major et bien d'autres gisaient à terre, presque suffoqués. La fraîcheur du soir nous ranima.

Le lendemain, nous atteignîmes Mekedra, où l'on entra en pourparlers avec des marabouts des Beni-Amer, les Oulad-Sidi-Ralem ; on leur acheta une centaine de bœufs ; d'ailleurs, le pays était abandonné.

Le nombre de malades augmentant, nous reprîmes le chemin d'Oran. Pendant notre courte absence, les Garabas y avaient enlevé le troupeau de l'administration.

Ainsi, malgré nos récents succès, Oran était étroitement bloqué, son marché était nul ; le pain, la viande, l'orge et le foin nous venaient d'Europe, et même, la réunion de ces approvisionnements ne se faisait pas toujours sans embarras. Fréquemment, pour assurer la continuation du service des vivres, il fallait recourir à des substitutions dans la composition de la ration, par exemple remplacer le pain par du riz.

Les ardeurs de l'été ayant cessé, le général Létang se reporta sur le Tlélate. Le troisième jour de marche, nos Douairs donnèrent la chasse, au col des Oulad-Ali, à des cavaliers Beni-Amer. Nous allâmes de là sur la Mekerra, d'où une reconnaissance fut poussée à deux ou trois lieues plus loin.

Les populations faisaient toujours le vide devant nous, nous ne rencontrions nulle part de résistance, ce dont beaucoup se prévalaient pour proclamer que la cause d'Abd-el-Kader était perdue.

La course sur la Mekerra dura une douzaine de jours ; on revint par la même direction qu'on avait suivie en allant.

Chemin faisant, le général l'avait jalonnée, de trois en trois lieues environ, par de petits ouvrages de fortification passagère susceptibles d'être gardés par une compagnie, pour servir de point d'appui à des convois et de dépôt de vivres.

A notre retour à Oran, je fus mandé chez le général ; il me prévint qu'il me confiait un bataillon et vingt chevaux pour aller reconnaître la forêt d'Emsila.

Le chef de bataillon eut ordre de ne pas marcher, afin que le commandement me restât. Capitaine de date récente, j'eus ainsi de vieux capitaines sous mes ordres, circonstance embarrassante ; je m'en tirai cependant. Le général me fit bon accueil à ma rentrée et me dit qu'il était bien aise de m'avoir donné l'occasion de commander isolément un bataillon en campagne.

Cependant les tribus de l'est nous appelaient à leur aide. La plupart s'étaient maintenues dans l'indépendance vis-à-vis d'Abd-el-Kader, depuis l'expédition du général Perrégaux, mais elles allaient succomber ; en effet, nous arrivâmes trop tard.

Parvenus à Madar, à sept lieues sud-est de Mostaganem, nous vîmes de loin les populations qui nous avaient accueillis au printemps, forcées par les réguliers de l'émir d'évacuer leur territoire. Pour la première fois, depuis le jour de la Sikkak, on se battit.

L'affaire engagée en détail, près de Madar, nous coûta quelques braves chasseurs. Nous nous bornâmes ensuite à des allées et venues entre Madar et Mezerra, où un fortin en pierres sèches avait été construit, comme dépôt de vivres et de bagages.

Ainsi qu'il était arrivé au général Perrégaux, le général Létang reçut sur ces entrefaites l'ordre de faire embarquer rapidement plusieurs bataillons pour l'expédition de Constantine que le maréchal Clausel allait entreprendre, malgré le refus qu'on lui faisait, de France, de lui donner les moyens qu'il avait demandés dans ce but.

Notre effectif ainsi réduit, nous n'avions plus qu'à regagner Mostaganem et Oran. Toutes nos relations et nos alliances dans la Mina et le Chélif se trouvaient complètement rompues.

Que l'on s'étonne, après cela, de la longueur de la lutte qui précéda la soumission de l'Algérie !

Cependant le temps marchait ; nous étions au milieu de novembre, et c'est au mois d'août que le général Bugeaud avait laissé dans Tlemcen cent jours de vivres. Depuis lors, plus de quatre mois s'étaient écoulés et nous avions le cœur serré, à Oran, en pensant aux souffrances de cette garnison nécessairement affamée ; il fallait la ravitailler. Malgré le peu de monde dont il disposait, le général Létang se décida à tenter cette opération, qui n'était pas sans danger.

Un ordre de départ fut donné, puis un contre-ordre. C'était à dessein : Oran était rempli d'espions.

A la nouvelle de l'ordre de départ, Abd-el-Kader, voulant s'opposer au ravitaillement, s'était hâté de réunir ses contingents. Ils se dispersèrent en apprenant le contre-ordre. Le général profita du succès de sa ruse pour gagner à marches forcées Tlemcen, où nous jetâmes notre convoi sans avoir eu à brûler une amorce.

Après avoir donné vingt-quatre heures à peine au déchargement des vivres, nous reprîmes la route d'Oran. Nous n'eûmes d'engagement qu'entre Aïn-Témouchent et le Rio-Salado, où nous fûmes joints par une cavalerie nombreuse. Nous y livrâmes un beau et très heureux combat en retraite auquel l'infanterie kabyle, arrivée trop tardivement, ne put prendre part. Le lendemain, les goums nous suivirent encore ; le surlendemain, nous étions rentrés dans Oran.

A Tlemcen, nous avions trouvé le capitaine Cavaignac ainsi que ses braves compagnons, toujours aussi fermes. La famine avait creusé les visages depuis deux mois, car la garnison ne touchait plus qu'une ration de pain, fait de farine non blutée.

Au mois de juillet précédent, lors de notre départ de Tlemcen après l'affaire de la Sikkak, le capitaine Cavaignac m'avait chargé, au dernier moment, de remettre la situation de son magasin au général Bugeaud, qui, marchant en tête de colonne, était trop éloigné déjà pour que le capitaine pût le rejoindre, lui parler et regagner la place.

Avant d'en faire la remise, j'avais pris copie de cette situation et ultérieurement, j'avais pu ainsi renseigner le chef d'état-major sur l'état où devait se trouver Tlemcen, afin que lui-même avisât le général Létang. J'étais, par cette précaution, à l'abri de toute imputation de négligence en un cas si grave ; dépositaire de la situation en question, je pouvais en effet encourir le soupçon d'avoir été la cause du retard apporté dans le ravitaillement et j'eus même à dissiper cette pensée chez le commandant Cavaignac.

Nous venions de dérober habilement quelques marches et une opération fort importante avait pu ainsi s'accomplir. Il ne fallait plus compter sur des succès de ce genre ; nous n'avions que 3,000 baïonnettes disponibles et l'échec du maréchal Clausel devant Constantine avait exalté la confiance des indigènes dans la résistance.

Le général Létang prit un congé pour rentrer en France ; le général Brossard le remplaça.

Le général Létang m'avait bien traité et récompensé par des paroles bienveillantes, de ma manière de servir. En une seule année d'ailleurs, j'avais été sous les ordres des cinq généraux successivement appelés au commandement de la province d'Oran ; le général Brossard faisait le sixième. Il eût fallu avoir le cœur bien banal pour ne pas souffrir de ces changements si préjudiciables, de toutes façons, à la réalisation de bons résultats.

Le général Brossard venait d'Alger.

Sans fortune, il affectait une munificence princière ; d'une immoralité profonde, il eût très bien figuré à la cour de Louis XV. L'effectif dont il allait disposer ne lui permettait pas de s'éloigner de la place ; cependant, le moment approchait où, de nouveau, il faudrait ravitailler Tlemcen.

Ne pouvant le tenter sagement de vive forcé, le général Brossard chercha à résoudre autrement la question.

Abd-el-Kader était vivement sollicité par les siens d'obtenir que les prisonniers de la Sikkak lui fussent rendus. Après des pourparlers secrets, ils lui furent promis à la condition que lui-même approvisionnerait la garnison du Méchouar, des vivres dont elle manquait. De notre côté, nous devions, en outre, laisser à l'émir la faculté de faire à Oran quelques achats de soufre, de plomb, d'acier, etc.

Le ravitaillement fut présenté dans le public comme ayant lieu au prix d'une somme d'argent que l'administration française devait compter à Abd-el-Kader, par l'intermédiaire du juif Ben-Durand.

Sur ces entrefaites, le général Brossard me donna l'ordre d'assurer la remise aux agents de l'émir d'un premier chargement de soufre, de plomb, d'acier, etc. ; je réclamai un ordre écrit. En me le faisant remettre, le général Brossard me fit dire que du blé et de la viande, livrés à Tlemcen pour la garnison, valaient bien ce que nous laissions passer en munitions de guerre ; je répondis que je voyais autrement les choses. Un nouvel ordre écrit m'étant parvenu d'assister à une deuxième livraison, je déclarai au chef d'état-major que j'étais décidé à désobéir formellement, si semblable mission m'était encore attribuée. J'eus plus tard à me féliciter de cette résolution.

Le ravitaillement de Tlemcen entraîna une sorte de suspension d'hostilités et nous étions d'ailleurs retombés dans une défensive passive, quand on nous annonça, d'une part, l'arrivée, à Alger, du général de Damrémont et, de l'autre, le prochain retour du général Bugeaud.

Au moment où il avait dû entrer en Espagne, il m'avait écrit pour m'offrir de le rejoindre en qualité d'aide de camp, ce que j'avais accepté; mais l'éventualité prévue ne se présenta pas.

Le général Bugeaud arriva à Oran avec des renforts en infanterie et en chevaux de cavalerie; six cents mulets nous étaient en même temps envoyés. L'organisation en fut poussée très rapidement, mais le temps manquait pour former les conducteurs et pour donner l'habitude des fatigues à des animaux expédiés directement des dépôts de remonte; nous en fîmes bientôt la triste expérience.

Dans les premiers jours de mai, le général Bugeaud se mit en marche pour Tlemcen, précédé de proclamations qui appelaient les Arabes à réfléchir, sur les moyens puissants que nous allions cette fois employer contre eux, équipés que nous étions pour les atteindre partout. Nos transports à dos de mulets nous faisaient croire à cette puissance.

Les trois premières journées virent tomber soixante-quinze de ces jeunes bêtes!

Le général fut ému de ces pertes.

Nous gagnâmes Tlemcen, puis l'établissement de la Tafna, sans voir d'autres ennemis que quelques cavaliers chez les Oulad-Zeir, près d'El-Bridj. Le régiment d'arrière-garde les honora bien à tort d'une fusillade très vive, à la suite de laquelle, sous prétexte d'encourager de nouveaux soldats, certains chefs firent sonner trop haut leur bonne contenance et leur facile succès : ils eussent mérité d'être sévèrement repris.

A peine étions-nous rendus à la Tafna, dont l'établissement avait coûté 600,000 francs et où se manifestaient de nombreuses fièvres, que des bruits de paix circulèrent. Ils prirent bientôt de la consistance ; je ne saurais dire toutefois d'où vinrent les premières ouvertures. Les accidents survenus à nos équipages de muléts avaient pu inquiéter le général pour la suite de ses opérations, dont l'éclat devait, dans l'intérêt de sa gloire, répondre à celui de sa campagne de la Sikkak. Avait-il dès lors mesuré la longueur de la lutte nécessaire pour anéantir la puissance si forte, si vivace, qu'avec son génie, Abd-el-Kader, au nom de l'Islamisme, était en mesure de nous opposer? Je ne saurais dire.

Ben-Durand parut des premiers dans cette grande affaire, et bientôt nous vîmes les agents de l'émir, Si-Ammadi-Sakkal, Bou-Hamedi, Ben-Arach, aller et venir entre notre camp et celui d'Abd-el-Kader.

Le général fit connaître l'état des choses, non pas à Alger, dont il était indépendant, mais à Paris. Après quelques observations sur ce que de nouveaux succès eussent eu de désirable avant de traiter, autorisation fut donnée au général Bugeaud d'entrer en négociation avec l'émir.

Le règlement des conditions fut rapide et presque aussitôt le général et Abd-el-Kader prirent rendez-vous pour une entrevue, le 1er juin, au Fid-el-Atach.

Nous y étions rendus depuis longtemps et l'émir ne paraissant pas, le général, impatient, s'était éloigné d'une demi-lieue environ de sa petite armée pour voir de ses yeux si rien ne venait, lorsque tout à coup il se trouva enveloppé par de nombreux coureurs arabes. Le colonel de Maussion, le chef d'escadron d'état-major Eynard, le capitaine de Rouvray, le docteur Ceccaldi et moi, deux officiers encore, dont un de l'administration des hôpitaux, accompagnaient le général; trois ou quatre cavaliers complétaient cette escorte.

Le kalifa de l'ouest, Bou-Hamedi, arriva en ce moment à notre rencontre et s'offrit pour nous servir de guide.

Déjà, dans notre groupe, quelques observations s'étaient élevées sur le danger de nous porter si en avant; il y aurait eu danger bien plus grand à vouloir nous retirer et c'eût été moins honorable. Au point où nous en étions, il fallait aller chercher Abd-el-Kader jusque dans son camp; j'exprimai ce dernier avis. Depuis, l'interprète principal Brahemscha, qui, au moment où j'écris ces notes, est encore à Oran et qui, ce jour-là, marchait auprès du général, m'a rappelé qu'à la Chambre des députés, le général Bugeaud me fit l'honneur d'adopter textuellement pour siennes mes propres expressions d'alors.

Enfin, l'émir parut avec un cortège magnifique de chefs admirablement montés. Douze ou quinze mille hommes, rangés en bataille à un millier de mètres en arrière, formaient une belle ligne qui se perdait à droite et à gauche dans les replis de Djebel-el-Cot.

Abd-el-Kader était vêtu d'un simple burnous blanc, dont le capuchon était serré autour de sa tête par une corde de laine; il montait un superbe cheval noir. Excellent cavalier, il le faisait marcher cabré et par bonds; quatre nègres suivaient les mouvements rapides de l'animal en entourant leur maître.

L'émir et le général s'assirent à terre, ayant à côté d'eux l'interprète Brahemscha et le Juif Maklouf.

Le général entretint Abd-el-Kader de la puissance de nos armes, des moyens de destruction dont nous disposions; puis, par opposition, il lui parla des bienfaits de la paix et de l'avenir agricole de ce sol d'Afrique si fécond et si mal exploité.

L'émir ne répondait à tout ce que lui disait le général qu'en articulant négligemment de temps en temps des « S'il plaît à Dieu ». Enfin, il fut question du moment où nous nous replierions sur Oran et comme le général insistait sur tout le mal que nous aurions pu faire dans un pays où les moissons étaient sur pied, Abd-el-Kader lui offrit de lui donner entière liberté pour ravager le pays sur toute notre route de retour.

C'était une sorte d'ironie qui ne manquait pas de justesse.

En effet, combien de riches moissons n'avons-nous pas brûlées depuis, avant d'avoir fait quelques progrès dans la conquête! Nous passions comme le vent.

Un petit incident vint relever notre fierté. Le général, l'entretien fini, s'était mis debout. L'émir tardant à en faire autant, le général lui fit dire par

M. Brahemscha qu'en face du représentant de la France, il ne convenait pas qu'il restât assis et, au même instant, le saisissant par la main, il le fit lever brusquement, comme il eût fait d'un enfant. L'émir, un peu déconcerté, remonta à cheval pour rejoindre son armée, qui poussa trois hourras immenses.

Par un singulier hasard, un coup de tonnerre y répondit.

Le général s'avança pour mieux juger de l'importance du rassemblement étalé devant nous et, le soir même, nous rentrâmes à notre camp de la Tafna.

Le 4 juin, nous partions pour Oran. Nous rencontrâmes, au Rio-Salado, la garnison de Tlemcen. En évacuant cette ville, elle y avait laissé quelques munitions de guerre et quelques pièces de gros calibre; mais, ce qui était bien plus triste, elle y abandonnait une population de Colouglis à la merci d'Abd-el-Kader et des Arabes. Le capitaine Cavaignac reçut alors le grade de chef de bataillon, qu'il n'avait pas voulu accepter, tant que la promesse faite par le maréchal Clausel d'un grade à tous les officiers du bataillon de Tlemcen n'avait pas été fait accompli.

Les clauses principales du traité de la Tafna furent les suivantes :

1° Évacuation de Tlemcen et cession d'une partie du matériel qui s'y trouvait.

2° Évacuation de l'établissement de la Tafna.

3° Autour d'Oran, concession à la France d'un territoire ainsi délimité : la Macta, en la remontant depuis son embouchure jusqu'à sa sortie des marais; de ce point, une ligne droite gagnant l'extrémité est de la sebka d'Oran, prolongée par le bord sud de cette sebka jusqu'à son extrémité occidentale ; de cette extrémité, une perpendiculaire au cours du Rio-Salado, aboutissant vis-à-vis du marabout de Sidi-Saïd ; enfin le Rio-Salado jusqu'à la mer. (La plaine de Melata, qui comprend la totalité du territoire des Smélas et la meilleure partie du territoire des Douairs, était en dehors de cette délimitation, au grand désespoir de ces fidèles alliés.)

4° Autour de Mostaganem une zone très peu étendue et non attenante à la zone d'Oran, ce qui ne nous permettait de communiquer de l'une à l'autre, par terre, qu'avec l'autorisation d'Abd-el-Kader.

5° Autour d'Alger, le traité restreignait notre domination dans les mêmes proportions.

6° On stipula la liberté du commerce.

7° Des grains et des bestiaux durent être versés dans les magasins et parcs de l'administration.

La remise des prisonniers de la Sikkak s'était faite au milieu des préliminaires de la paix et le général Brossard s'était empressé de les renvoyer à Abd-el-Kader dès leur arrivée de France, avant même que le général Bugeaud lui eût fait connaître ses intentions à leur égard.

Ce qui a précédé donne la raison de cette précipitation. Je ne m'arrêterai pas d'ailleurs sur cette époque de troubles, d'erreurs, d'intrigues et d'iniquités et je n'y reviendrai, au cours de ces notes, qu'autant que l'exigera l'exposé de leurs suites judiciaires.

CHAPITRE V

Le général Bugeaud resta quelque temps à Oran pour surveiller l'exécution des clauses du traité *dit de la Tafna*, dont il avait dû d'abord attendre la ratification.

On se rappelle comment ce traité fut accueilli en France. La défaveur dont il y fut l'objet diminua cependant un peu, quand on vit le gouverneur général de Damrémont entreprendre le siège de Constantine au mois d'octobre suivant et l'on se complut à trouver, dans la nécessité de tirer pour cet objet des troupes de la Province d'Oran, l'explication de la convention qui venait d'avoir lieu sur des bases si extraordinaires.

J'obtins alors un congé. Il y avait quatre ans que je n'avais vu ma famille; je l'avais quittée lieutenant, je revenais capitaine et décoré avec quatre citations. J'étais du reste fatigué. Pendant mon congé, mon frère débarquait à Bône avec le 26e de ligne; il n'arriva devant Constantine que le lendemain de sa prise et commença ses services de guerre au milieu d'une campagne bien rude et dont le glorieux succès fut payé par de grands sacrifices.

Le général de Damrémont, tué par un boulet devant la ville assiégée, la veille de l'assaut, fut remplacé dans le gouvernement général de l'Algérie par le général d'artillerie comte Valée, qui avait pris une part capitale à la conduite du siège et en fut récompensé par le bâton de maréchal de France.

Avant mon départ, le général Bugeaud me fit offrir de faire partie du consulat français qu'on allait rétablir à Mascara. Le chef de bataillon de Ménonville m'engagea à accepter, ce que je ne fis que conditionnellement, tenant à profiter de mon congé.

Six semaines plus tard, le commandant de Ménonville, impressionné par son isolement à Mascara et irrité contre un interprète dont la fidélité lui inspirait des doutes, lui brûlait la cervelle et se suicidait un instant après. Le capitaine Daumas fut désigné immé-

diatement pour le remplacer; le docteur Warnier, déjà
au consulat, y resta avec le nouveau consul.

Cependant les manœuvres qui avaient eu lieu pour
le ravitaillement de Tlemcen, quelques mois auparavant, se divulguaient peu à peu. Un aide de camp du
général Bugeaud, entrant un soir à l'improviste chez
Ben-Durand, y trouva le général Brossard en face d'une
somme d'argent considérable qu'il paraissait occupé à
compter avec le célèbre israélite. Il en fut grand bruit.

Le général Brossard, sentant ce que sa position avait
de critique, accourut chez le général Bugeaud et en
obtint l'autorisation de passer en Espagne; mais, à
peine débarqué sur cette terre d'un exil prétendu, il
franchissait les distances et arrivait à Paris chez le
maréchal Soult, alors ministre, pour lui expliquer sa
conduite.

Le maréchal le fit arrêter et emprisonner sans
même vouloir l'entendre; les faits dont il était accusé
devaient en effet le conduire devant un conseil de
guerre.

A mon retour de congé, en décembre, le général
Auvray commandait à Oran où, momentanément, tout
était paisible. Le maréchal Valée voulait consolider
l'organisation de la Province de Constantine et pour
cela, dans la Province d'Oran on devait éviter, à tout
prix, toute difficulté, tout conflit avec Abd-el-Kader.

Sur ces entrefaites, le général Rapatel vint succéder au général Auvray. Il aimait la guerre. Obéissant
à ses instincts, il céda au besoin de se remuer dans
son étroit territoire. Je l'accompagnai dans plusieurs

courses aventureuses. Dans l'une d'elles, avec vingt chasseurs à cheval, nous fîmes repasser le Rio-Salado à de nombreux douars pasteurs des Augades, qui nous prirent heureusement pour l'avant-garde d'une troupe plus considérable. A quelques jours de là, nous allâmes à Mostaganem en traversant le territoire arabe qui séparait, d'après le traité, la zone d'Oran de celle de Mostaganem.

Comme aucun avis préalable n'en avait été donné à l'émir, cette omission volontaire provoqua de sa part des observations. Pour cela et pour d'autres faits semblables, le général Rapatel fut blâmé. Il n'y avait pas moyen de faire un diplomate de ce bouillant soldat. Enfin il tomba malade et le général Guéhéneuc le remplaça dans les derniers mois de 1838.

Au mois de juin, j'avais fait à Mascara un voyage que j'utilisai en levant à vue les environs de cette ville, dans un rayon assez étendu. Ce travail, qui à cette époque était de nature à me compromettre vis-à-vis des agents fort soupçonneux de l'émir et que par cette raison je faisais secrètement, fut très utile un peu plus tard.

D'ailleurs, j'étais peu encouragé dans ma mission topographique. Aucun de nos généraux ne jetait seulement un coup d'œil sur mes études. Le maréchal Valée les eût bien accueillies, mais je n'avais pas à les lui faire parvenir, le commandant de la Province jugeant qu'il n'était pas à propos de les communiquer au gouverneur général. Je n'en travaillais pas moins avec une ardente confiance. Je mis en train le levé des environs d'Oran au 1/25000, dont l'exécution appartient pour les neuf dixièmes au capitaine Bousquet qui m'était adjoint.

Pendant que j'étais à Mascara, j'avais vu partir quelques détachements des troupes régulières de l'émir, pour l'expédition d'Aïn-Madhi dont Abd-el-Kader allait faire le siège. Il imprimait partout sa volonté puissante, partout l'ordre régnait.

Les troupes de la Province d'Oran, resserrées par le traité de la Tafna dans des limites bien étroites, comme je l'ai indiqué, passèrent dans une inaction complète les années 1838 et 1839.

A Alger, on renchérissait sur cette situation en couvrant une occupation encore plus restreinte par une enceinte continue, à l'exécution de laquelle toutes les troupes étaient employées. L'ordre était d'éviter partout toute complication.

Le général Guéhéneuc se conforma entièrement à ces instructions du maréchal Valée. Son commandement fut marqué d'abord par des condamnations sévères contre plusieurs comptables de l'administration militaire, qui furent envoyés devant le conseil de guerre comme prévaricateurs. Je me rappelle avec satisfaction cette bonne et nécessaire justice, dont je concourus à assurer les investigations comme chef d'état-major intérimaire de la division, le lieutenant-colonel de Maussion étant en congé en France.

Je dois ici dire un mot de la déplorable affaire du général Brossard. Mis en jugement à Perpignan, il m'avait cité à décharge ; mais le souvenir de ces convois destinés à l'émir, qu'il m'avait mis en demeure d'expédier, m'était resté sur le cœur et je passai, par le fait de ma déposition même, parmi les témoins à charge. Les ordres écrits que j'avais conservés me donnèrent au milieu des débats une position facile. Dans ce triste procès beaucoup avaient à se reprocher des erreurs, pour me servir d'un terme modéré. Un premier arrêt de condamnation fut cassé. Un deuxième acquitta l'accusé. Je fus ainsi amené deux fois en France.

La première fois, le conseil de guerre ayant dû ajourner sa réunion, je profitai des délais de ma feuille de route pour me rendre de Toulon à Nice, promenade charmante. L'affaire jugée, j'allai voir ma famille.

En repassant par Alger, j'obtins de courir à Bône embrasser mon frère, avant de rentrer à Oran. Le maréchal Valée se montra dans cette circonstance plein de bonté pour moi.

Lors de ce retour à Oran, j'eus à remplir les fonctions de chef d'état-major pendant six mois, au bout desquels je retournai à Perpignan. Avant de me réembarquer, je fus jusqu'à Meaux, faire une visite de vingt-quatre heures à mes parents. Bien m'en prit, ma nouvelle absence devait durer quatre ans.

En septembre 1839, le duc d'Orléans vint visiter Oran et ses environs. Je lui fus présenté. Il examina les cartons du bureau topographique qui déjà contenaient d'assez nombreux documents; il me parut prévenu contre ces travaux sous le rapport de leur exactitude et fut peu gracieux pour leur auteur.

D'Oran, le prince gagna par mer Alger, puis la Province de Constantine, d'où il revint à Alger par terre, en traversant les Bibans. Des troupes avaient été réunies en secret dans l'est, pour cet objet; d'autres allèrent d'Alger au-devant d'elles. Il fallut combattre, mais seulement dans les dernières marches, Abd-el-Kader, surpris par ce brusque mouvement, n'ayant pas été prêt à temps pour s'y opposer.

On crut avoir ainsi porté un coup fatal à son prestige; mais, au lieu de subir cette violation de la lettre du traité de la Tafna, qu'il était de son côté porté à rompre sous l'influence de certaines illusions, l'émir se mit, par représailles, à incendier et à dévaster la Mitidja. Il réussit même dans plusieurs coups de main sur nos troupes, tel que celui de l'Oued-Laleg qui fut le plus sanglant. Un moment le moral de l'armée fut atteint par ces funestes événements.

On avait trop ajouté foi aux vaines théories de l'occupation restreinte. Les conséquences en éclataient maintenant et bien autrement puissantes qu'au 1er juin 1837, date de ce traité maintenant déchiré.

Abd-el-Kader reparaissait.

Il se crut certainement à la veille de triompher de la France et son erreur s'explique : Miloud-ben-Arach, envoyé par lui à Paris avec le titre d'ambassadeur, avait assisté, à la Chambre des députés, aux débats relatifs à notre situation en Algérie.

Beaucoup d'imprudentes paroles avaient retenti alors à la tribune sur les charges que nous imposait la nouvelle colonie et sur la nécessité de se restreindre à n'occuper que les villes du littoral, si l'on ne se décidait de préférence à un abandon complet de l'Algérie, système qui, en ce moment, avait en M. Desjobert un promoteur fanatique au sein de l'Assemblée.

Ben-Arach prit au sérieux tout ce qu'il entendit et développa chez son maître la conviction que de nouveaux sacrifices d'hommes et d'argent nous amèneraient à évacuer l'Algérie.

L'émir comptait sans l'honneur français; celui-ci se réveilla à la nouvelle des désastres que supportait notre colonie naissante et des agressions où, dans la Mitidja, le sang de nos soldats surpris venait de couler. De nombreux renforts furent aussitôt dirigés sur Alger et sur la Province d'Oran, qui allait devenir forcément le théâtre de la lutte principale, puisque, après avoir été le berceau de la puissance de l'émir, elle en renfermait tous les éléments de force.

Au moment de la rupture, notre consul à Mascara, le capitaine Daumas, se trouvait par hasard à Oran. Le général Guéhéneuc l'y retint. Comme il y avait de plus à garantir la sûreté du personnel attaché au consulat, on s'assura de la personne du consul de l'émir à Oran. L'échange se fit dans toutes les règles.

Dans ces conjonctures nous vîmes arriver un Français nommé Roches, qui, depuis la paix de la Tafna, était auprès d'Abd-el-Kader auquel il avait rendu de très grands services. C'est par lui que l'émir avait créé ses manufactures d'armes, réglementé et instruit ses troupes régulières, construit, sur la limite du Tell, des forts dont l'appui permettait à de faibles garnisons

de dominer le pays, enfin dirigé le siège d'Aïn-Madhi.
D'ailleurs, le génie d'Abd-el-Kader était alors dans
toute sa splendeur et en supposant que nous eussions
délaissé notre conquête, on peut se demander s'il ne
fût pas arrivé à fonder un empire considérable dans
l'ancienne régence d'Alger.

Il est très probable que la prédiction qu'il avait fait
répandre qu'il commanderait un jour depuis l'Océan
jusqu'à Tunis se fût vérifiée.

A son arrivée à Oran, après un trajet qui ne fut
pas sans danger, M. Roches, que nous ramenaient sa
crainte de chefs arabes jaloux de son influence et sa
fidélité à sa patrie, fut bien accueilli par le général
Guéhéneuc. Le maréchal Valée, qui l'appela à Alger,
s'en servit sans le bien traiter. Plus tard, le général
Bugeaud mit son dévouement à l'épreuve et le prit en
grande faveur.

Plus qu'à Alger, nous eûmes à Oran le temps de nous
mettre sur la défensive. Elle se renfermait d'ailleurs
dans l'enceinte de la ville, avec Mers-el-Kébir pour port,
le Figuier et Misserghin pour avant-postes. Nous avions
en outre à garder Arzew et son mouillage et Mostaganem, qu'éclairait un détachement établi dans Mazagran.

Les Douairs et les Smélas vinrent dresser leurs
tentes sous les murs d'Oran et jusque dans les fossés;
nous eûmes parmi eux des déserteurs assez nombreux.

Je fus envoyé à Sidi-Bou-Tlélis, près de Bridia,
pour faire un exemple, en vidant les silos de blé et
d'orge d'une fraction qui venait de faire défection.
Cette opération dura trois jours. Tous les transports

du train y furent employés ; je disposais, pour l'assurer, d'un escadron et d'un bataillon. En raison de sa durée, c'était trop peu et je fus très heureux de n'être pas attaqué, ce que je dus au soin de faire arrêter des rôdeurs qui me servirent d'ôtages.

Depuis 1837, c'était la première fois que des troupes s'éloignaient autant d'Oran. Les attaques de l'ennemi, qui se succédèrent depuis cette course, vinrent nous trouver sous le canon de nos places.

La plus sérieuse affaire eut lieu d'abord devant Mostaganem. La garnison avait voulu se porter au secours de Mazagran, vivement attaqué. Elle fut refoulée, avec des pertes considérables, jusque sur les glacis. Une compagnie composée de Turcs et de Colouglis fut même cernée et détruite dans un jardin clos de murs, entre Mostaganem et Mazagran.

Ce dernier poste, véritable bicoque, courut le plus grand risque d'être enlevé. Chaque homme n'avait plus que trois cartouches, quand l'ennemi s'éloigna. Le nombre des défenseurs ne dépassait pas 80 hommes : ils étaient sans vivres, ceux-ci n'étant entretenus que par des distributions journalières expédiées de Mostaganem. Mazagran avait une population indigène qui se réfugia à Mostaganem, après cet événement.

Le général Guéhéneuc apprit à Oran, le lendemain soir, vers dix heures, ce qui s'était passé. Il me fit mander aussitôt et m'ordonna de partir sur-le-champ pour Mostaganem, après m'avoir remis une invitation aux autorités militaires, auxquelles j'aurais à m'adresser en son nom, de déférer à toutes mes réquisitions et injonctions.

Je devais faire mettre le plus rapidement possible Mazagran en bon état de défense, apprécier la situation de Mostaganem et d'Arzew et prendre au besoin les dispositions que réclamerait leur sûreté.

Muni de ces instructions, je me rendis en toute hâte à Mers-el-Kébir où je fis appareiller une tartane qui me débarqua le lendemain matin à Arzew. J'en visitai en détail l'extérieur gardé par des blockhaus et en complétai la défense par l'installation de tonneaux d'eau, de réserves de vivres et de cartouches.

Comme la tartane, vu le temps, n'aurait pu me débarquer à Mostaganem, je montai dans une barque de pêcheur de la plus petite dimension et très susceptible de me déposer à terre en s'échouant elle-même. Elle avait pour tout équipage le patron et un mousse.

Le lendemain, à la pointe du jour, je fus heureusement jeté sur la plage de Mostaganem et, à midi, quinze jours de vivres, un obusier bien approvisionné, 120 cartouches par homme, un renfort de 40 hommes, un petit détachement du génie, l'outillage nécessaire pour creuser un puits, des tonneaux à eau, des grenades, etc., partaient pour Mazagran.

Usant de mes pouvoirs, j'y nommais commandant supérieur le capitaine Lelièvre, du bataillon d'Afrique, qui fit bravement le sacrifice d'un congé dont il allait jouir. Je vis avec lui ce qu'il y avait à faire pour rendre meilleur son poste dont l'enceinte, du côté de l'ouest, menaçait de s'écrouler.

A trois heures de l'après-midi, j'étais de retour à Mostaganem avec le colonel du Barail qui y commandait.

Ce jour-là et dans la matinée suivante, je visitai les magasins de l'artillerie, ceux de l'administration et l'hôpital ; je reçus les principaux chefs de la population indigène et du Maghzen détachés sur ce point, me hâtant pour rentrer promptement à Oran. Le colonel du Barail me pressait d'y emmener, un homme qui depuis, par dévouement et attachement sincère, nous a rendu de très grands services, mais qu'alors sa sûreté personnelle et sa haine de l'émir, plus forte encore que celle qu'il nous portait, retenait avec nous.

C'était Caddour-Ben-Morfi, des Borgia.

Le général Perrégaux, très politiquement, l'avait bien accueilli trois ans auparavant, quoiqu'il le sût coupable d'un fait, dont les annales de la guerre d'Afrique offrent malheureusement plus d'un exemple.

Caddour étant venu un jour à Mostaganem, avant sa soumission, je ne sais sous quel prétexte, avait demandé qu'on le fît reconduire à quelque distance par une escorte. Il la fit tomber dans une embuscade ; sur quatre chasseurs à cheval, trois succombèrent, le quatrième se sauva par miracle.

La barque qui m'avait apporté d'Arzew à Mostaganem m'attendait pour me ramener sur le premier point. Un négociant d'Oran, M. Manéga, me demanda à partir avec moi ; j'y consentis, malgré le refus que je venais de faire d'emmener Caddour-Ben-Morfi.

Cette double détermination ne fut pas sans opportunité.

Nous prîmes la mer à onze heures. Dans l'après-midi, un orage souleva une tempête qui nous mit toute la nuit entre la vie et la mort. Le patron et M. Manéga, qui ne quittait pas les avirons, voyant la barque prête à sombrer, voulaient se jeter à la côte. Je m'y opposai, préférant me noyer plutôt que de tomber entre les mains des Arabes dont nous distinguions les feux de douars. Naguère, en 1858, M. Manéga me répétait que, dans ses nombreuses courses sur mer, il n'avait jamais été si près d'un naufrage : celui-ci eût été sans ressources.

Après vingt heures de navigation, nous atteignîmes Arzew, où j'écrivis mon rapport. Le bateau de la correspondance, qui justement passait ce soir-là, me conduisit à Mers-el-Kébir dans la nuit et, à son réveil, je rendais compte de ma mission au général Guéhéneuc.

Huit jours après, Mazagran soutint une attaque de trois jours, dans laquelle les Arabes firent usage du canon.

Brillamment présentée par le général Guéhéneuc, la défense de ce poste fut le premier fait d'armes heureux depuis la reprise de la guerre. Il eut un retentissement extrême.

Malgré qu'elle appartînt au bataillon d'Afrique, la garnison fut comblée de récompenses. Tous les soldats que leurs antécédents n'empêchèrent pas absolument de décorer reçurent la croix d'honneur ; le capitaine Lelièvre fut nommé chef de bataillon.

A Oran, nous étions étroitement bloqués. Resserrés dans des espaces insuffisants, les troupeaux des Douairs et des Smélàs mouraient de faim sous les murs de la ville. Ces deux tribus étaient dans la dernière détresse et sans cesse harcelées par des partis de cavaliers. Soutenant par son noble exemple le courage des siens, l'agha Mustapha-ben-Ismaël faisait tête aux attaques avec une admirable énergie; malheureusement, l'opportunité de notre appui lui faisait souvent défaut. Nous le vîmes même, au Petit Lac, malgré le secours du 2e chasseurs, dans un grand embarras vis-à-vis de goums très nombreux qui le débordaient, parce qu'il n'était pas appuyé d'assez près par notre infanterie.

A quelques jours de là, un fait analogue se renouvela pour nos Douairs, campés du côté de Mers-el-Kébir. Bou-Amedi, kalifa de l'émir à Tlemcen, s'aventura à les attaquer et le fit impunément. Encouragé par ce succès, il vint bientôt après insulter Misserghin.

Le colonel Yusuf se porta à sa rencontre, dans la direction de Ten-Salmet, avec trois escadrons de spahis et un bataillon du 1er régiment d'infanterie, après avoir fait prévenir à Oran de ce qui se passait. Le général Guéhéneuc, voulant répondre à cet appel, se mit en marche avec la grosse réserve qu'il gardait sous sa main; mais sa tête de colonne était à peine à hauteur de la Tour-Combes, c'est-à-dire bien loin du théâtre de l'action, à l'heure où les spahis, tournés par leur droite, étaient culbutés jusque sous Misserghin, avec une perte de 50 hommes. Le bataillon du 1er de ligne, qui avait cependant eu le temps de former le carré, fut aussi au moment de céder sous les efforts de la cavalerie nombreuse qui l'entourait, et cela malgré l'appui de deux pièces de montagne bien commandées et bien servies.

L'ennemi victorieux s'éloignait, lorsque le général, avec sa colonne de secours de trois bataillons et cinq escadrons, entra dans Misserghin. Il m'envoya en avant examiner l'état des choses. Je lui exprimai au retour l'opinion qu'il serait tout à notre avantage de se porter sur le terrain où l'on venait de combattre. Le général jugea qu'il était trop tard et, le soir même, tout ce qui était sorti d'Oran y rentra.

Animé par ses succès, Bou-Amedi nous offrait la bataille quelques jours après, entre Misserghin et Bridia ; cette fois nous dépassâmes Misserghin avec toutes les forces disponibles. Tandis que le général Parchappe se dirigeait résolument avec trois bataillons vers le Grand Lac, menaçant ainsi la droite de l'ennemi, le 2ᵉ chasseurs à cheval, déployé à gauche et à hauteur de la colonne principale qui suivait la route de Tlemcen, engageait sur son front une tiraillerie assez vive.

Le général eut d'abord l'intention d'arrêter les chasseurs et de former l'infanterie en carré. En effet, Bou-Amedi allait prendre l'offensive si nous ne l'eussions gagné de vitesse. J'allai donc porter partout l'ordre de s'avancer et à l'artillerie celui d'ouvrir son feu. Canonné et voyant les colonnes s'ébranler et marcher à lui, Bou-Amedi se décida immédiatement à la retraite. Quelques cadavres restèrent sur le terrain.

Plusieurs cavaliers, ne connaissant pas le pays, s'enfoncèrent dans le marais de Bridia et ne se sauvèrent qu'en y abandonnant leurs chevaux. Notre poursuite dépassa un peu le défilé formé par la tête du marais et les dernières pentes rocheuses de Ramera.

Dans la soirée, les troupes rentrèrent à Misserghin et à Oran, satisfaites de leur journée.

Le général Guéhéneuc, après cette affaire, considéra le défilé de Bridia comme la porte principale des attaques de l'ouest et résolut de le fermer. En conséquence, un bataillon fut établi à Bridia et s'y couvrit par une redoute appuyée au bord oriental des marécages. J'obtins de m'installer à ce camp.

Notre chef d'état-major, le colonel de Maussion, assista aux premiers travaux; son exemple était salutaire pour de jeunes soldats qui avaient à s'aguerrir.

Le commandement de la position fut confié au colonel Devaux du 1ᵉʳ de ligne; nous y fûmes journellement inquiétés. Un jour, les Arabes cherchèrent à nous déloger, en incendiant les herbes abondantes qui nous entouraient; il fallut momentanément abandonner le fort, autant pour n'y être pas asphyxiés que pour prévenir l'explosion de nos caissons. Nous pûmes heureusement nous réunir sur un terrain où le feu avait déjà passé. Nos vedettes étaient souvent enlevées. Nous ne fîmes dans la montagne qu'une seule reconnaissance où nous ne vîmes que quelques coureurs. Le retour s'effectua par la plaine de Ma-el-Abiad.

Le 15 juin, pendant un engagement assez vif, mon cheval s'abattit sur le pont de la redoute que l'humidité de la nuit avait rendu glissant. On me releva avec une entorse des plus graves; cependant, je me faisais mettre à cheval chaque fois qu'il y avait quel-

que escarmouche, c'est-à-dire presque tous les jours.
Par suite, une enflure considérable s'était déclarée
d'abord au tibia; bientôt elle gagna la cuisse.

Un repos absolu m'étant devenu indispensable, le
20 juin je repris la route d'Oran, où mon inaction me
permit de terminer quelques études relatives à l'organisation à donner aux troupes, dans ce système d'opérations actives.

Le général Guéhéneuc, logé à Misserghin, m'avait
invité à le voir à mon passage, par une lettre de sa
main, assez longue et pour ainsi dire prophétique. Il y
parlait du temps où le rôle de l'armée en Algérie se
réduirait à un service de gendarmerie.

J'étais loin alors, je l'avoue, de m'abandonner à une
semblable espérance, aujourd'hui réalisée.

Je cherchai à cette époque à devenir aide de camp
du général Duvivier. La suite des événements m'a
prouvé que je fus très heureux d'échouer dans ce désir;
mais le rôle si triste de la division d'Oran me désolait.
Ce rôle pourtant, des ordres, évidemment, l'impo-
saient au général Guéhéneuc, afin qu'avec peu de
monde, il retînt devant lui une partie des forces de
l'ennemi, tandis que le maréchal Valée se portait
d'Alger sur Médéah et sur Milianah, qu'il fit occuper.

Cette double opération entraîna plusieurs sanglants
combats. L'émir y présenta de belles et bonnes troupes.
Il osa même les amener en plaine, ce dont il reconnut
à ses dépens le danger.

Cependant le fer et les maladies éclaircissaient ses
rangs et les nôtres et il y eut à cette époque, dans

notre petite armée d'Afrique, un moment de grande lassitude physique et morale.

Le plan de campagne ayant été d'occuper les deux places principales de Médéah et de Milianah, la nécessité de les approvisionner allait exiger des va-et-vient continuels par des routes difficiles, où les obstacles étaient tout à l'avantage des indigènes, habiles à en profiter. Jusque-là, l'habitude n'était pas prise de ces grands retours offensifs si bien appropriés au caractère du soldat français.

Au milieu de l'abattement qui avait gagné certains chefs de corps, ce fut un beau titre pour le colonel Changarnier d'oser entreprendre, avec une colonne peu considérable, le ravitaillement de Médéah. Il battit les Arabes qui voulurent gêner sa marche. Au lieu de supporter leur poursuite, il se jeta sur eux.

Le capitaine de Crény, aide de camp du général Rulhière, eut l'honneur d'être demandé par le colonel pour remplir auprès de lui les fonctions de chef d'état-major. Le corps d'état-major n'avait pas d'officier plus distingué. Nommé chef d'escadron en 1840, il fut attaché à l'état-major de la division d'Oran, dont le chef était. comme il a été dit, le colonel de Maussion.

La campagne qui venait de se faire dans la Province d'Alger, après avoir mis en relief le mérite des uns et des autres, avait déterminé plusieurs avancements hors ligne.

Le colonel de Lamoricière, des zouaves, fut nommé général. Il avait trente-quatre ans. Personne n'était plus brillant sur le champ de bataille, personne ne savait mieux les secrets de la guerre d'Afrique, personne ne parlait arabe avec plus de facilité; personne enfin n'avait autant étudié la topographie et la statistique du pays. Il était doué d'une constitution très forte. Le duc d'Orléans, qui l'avait vu à l'œuvre, jugea combien il y avait intérêt à confier à de pareilles mains une partie principale de la tâche immense que la France avait devant elle.

Mandé à Paris auprès du roi, le général de Lamoricière fut bientôt après nommé commandant de la Province d'Oran, où il arriva presque aussitôt.

Le général Guéhéneuc ne fit pas sans tristesse la remise de son commandement à son successeur.

Il avait ordonné une dernière revue.

Après avoir fait défiler les troupes, dont l'ensemble présentait une masse respectable, il dit au général de Lamoricière qu'il ne pouvait quitter avec indifférence de pareils soldats et en même temps ses yeux se remplirent de larmes.

La veille de son embarquement, le général Guéhéneuc me prit à part et, dans une longue conversation, il m'expliqua tous ses actes, afin qu'au besoin je fusse en mesure de prendre la parole dans les discussions où ils viendraient à être appréciés. Il me démontra que tout ce qu'on pouvait critiquer dans son commandement avait dépendu de son obéissance à des instructions formelles.

CHAPITRE VI

Cependant la venue de notre nouveau général nous transportait de joie. Il décida tout d'abord la suppression du camp de Bridia. J'avais assisté à la reconnaissance de l'emplacement de ce camp, j'avais participé aux travaux de sa fondation et à sa défense, jusqu'au jour où l'aggravation de mon accident à la jambe m'avait renvoyé à Oran ; à peine guéri, je coopérais à son évacuation.

La garnison entière était malade. L'emplacement choisi près du marais n'avait pas eu d'inconvénients pendant le printemps ; mais, aux grandes chaleurs, des fièvres mortelles s'étaient déclarées. Après quatre ou cinq jours de station à Bridia, tous les hommes étaient atteints par l'intoxication et comme la garnison n'était relevée que toutes les semaines, un nombre énorme de soldats remplissait l'hôpital d'Oran. La plupart succombaient.

L'une des premières visites du général de Lamoricière fut pour le bureau topographique dont j'étais toujours chargé. Il vit tous les travaux et me fit lire quelques passages des mémoires que j'avais rédigés. Je sus plus tard du général, que s'il eût alors pensé ne pouvoir compter sur moi, avec le degré d'importance qu'il attachait aux fonctions que je remplissais, il m'y eût fait remplacer. Je compris bientôt qu'il ne pouvait penser et qu'il n'aurait pu agir autrement.

Mon service devint on ne peut plus actif; les nouvelles places fondées par Abd-el-Kader furent étudiées par renseignements; j'en fis même établir des reliefs par des déserteurs.

De son côté, le capitaine Daumas, spécialement chargé des renseignements arabes, recueillait tous les éléments d'une carte générale de la Province d'Oran jusqu'au désert, présentant avec la statistique, la division politique et administrative de tout le pays, ainsi que l'estimation des forces régulières et irrégulières de l'émir.

Je construisais la carte d'après ces diverses données, et le lieutenant d'état-major Castelnau en faisait la mise au net.

Plus tard, nous avons été surpris du degré d'exactitude de ce grand travail, qui fut d'une utilité considérable dans l'ignorance où l'on était de la configuration intérieure du pays. Le général venait chaque jour examiner ce que nous avions fait et discuter les nouvelles données.

J'envoyai au Dépôt de la guerre un calque de cette œuvre. Quand le général Bugeaud fut nommé gouverneur général, il en reçut aussi un exemplaire. Avant lui, le maréchal Valée m'avait fait parvenir pour mes travaux topographiques des remerciements auxquels je suis resté d'autant plus sensible, que jusqu'alors on ne me les prodiguait pas.

Depuis l'arrivée du général de Lamoricière, je travaillais jour et nuit. Chaque projet d'expédition était rédigé avec un croquis à l'appui. Plus tard, chaque journée de marche fut étudiée dès la veille par renseignements. Après l'arrivée au bivouac, le levé du jour était rapporté sur un plan directeur.

C'est ainsi que la carte de la Province d'Oran fut complétée pour le Tell, en quelques années, jusqu'aux limites du Sahara. J'y ai donné dix années de ma vie, de vingt-sept à trente-sept ans, et plusieurs officiers y ont successivement fourni le contingent de leur travail.

Le Dépôt de la guerre possède les minutes de cette longue suite d'études. Le bureau topographique d'Oran en a tous les doubles.

J'ai gardé longtemps comme souvenir la minute de la grande carte dont j'ai parlé d'abord. Son état d'usure indique qu'elle a été consultée aussi souvent au bivouac que dans le cabinet.

Je me suis un peu complu dans ces détails ; mais ce sont de vieux et chers souvenirs et je n'ai pu me défendre de leur jeter un regard en passant.

Le général s'occupa immédiatement de préparer l'offensive. Il passa une revue détaillée des troupes, scruta les situations, ordonna d'y faire figurer séparément les disponibles et les indisponibles, ceux-ci devant former les garnisons des postes, réduites à des minima.

Le nombre, la nature des effets à emporter en expédition, furent réglés de manière à fixer un poids limite au havre-sac; les hommes furent assujettis à porter des ceintures de flanelle; chaque soldat d'infanterie reçut une demi-couverture pour le bivouac. Enfin, le sac de campement décousu et muni de boutons constitua, avec quelques petits piquets et un bâton dont le soldat s'aidait dans la marche, un système complet de tente-abri.

C'est grâce à cette organisation que l'on put tenir indéfiniment la campagne, sans que nos effectifs eussent à subir les pertes énormes qui résultèrent de nos premières expéditions. Il y eut cela de remarquable, qu'à cette occasion l'intendance jeta les hauts cris. A leur tour, les bureaux du ministère s'alarmèrent et s'indignèrent d'un abus d'autorité aussi exorbitant que celui d'avoir osé découdre des sacs pour en faire, au demeurant, l'objet de campement le plus précieux.

Le général de Lamoricière fut blâmé et même menacé d'une retenue sur son traitement.

Les soins du général s'étendirent aux approvisionnements, aux transports du train, au matériel d'ambulance dont il assura le perfectionnement, surtout pour les cacolets.

Afin d'être tranquille sur Oran pendant qu'il s'en éloignerait, le général fit relier entre eux, par un fossé large et profond, les blockhaus environnant la ville, entre lesquels l'ennemi avait souvent pénétré. Dans cette enceinte, furent réunies les tentes des deux tribus des Douairs et des Smélas, dont la majeure partie nous était restée fidèle, sous l'influence de l'agha Mustapha-ben-Ismaël auquel on avait donné le titre de général, mais que la haine d'Abd-el-Kader nous attachait plus que les honneurs dont on l'entourait.

Dans les plus mauvais jours, cet homme héroïque ne désespéra jamais d'arriver à triompher de son irréconciliable ennemi. Il avait d'ailleurs un respect de sa parole qui lui eût toujours rendu sacrés les engagements pris par lui à Tlemcen, vis-à-vis des Français, quand nous l'allâmes débloquer.

L'agha Mustapha-ben-Ismaël, avec son neveu El-Mezari, auront été les derniers types des anciens grands chefs du Maghzen. Une noble origine, l'instinct et l'exercice du commandement, toute une existence de dangers, enfin, un pouvoir qui dans certaines circonstances comprenait le droit de vie et de mort, leur donnaient un prestige extraordinaire.

Cependant, il ne suffisait pas d'enfermer dans l'enceinte des fossés d'Oran les familles de nos alliés, il fallait les empêcher d'y mourir de faim et sauver le reste des chevaux de ces cavaliers, qui, prochainement, devaient nous servir de guides pour pénétrer chez l'ennemi.

Le général de Lamoricière prit sur lui de faire distribuer immédiatement du blé à toute cette population et des fourrages à tous les chevaux et mulets.

Je fus chargé pendant quatre mois de cette mission; elle m'avait valu chez les Arabes le surnom de *capitaine au blé,* que je conservai assez longtemps.

Chaque jour, des officiers parcouraient les campements pour s'assurer que les animaux recevaient régulièrement leur ration.

Les travaux de l'enceinte, mis à la tâche, habituèrent les soldats à la fatigue, tandis que l'indemnité dont, à ce titre, ils jouissaient procurait le moyen d'améliorer les ordinaires par l'achat de vivres supplémentaires.

Sur ces entrefaites, les Beni-Amer, soutenus par des cavaliers de Bou-Amedi, vinrent tendre une grande embuscade à Aïn-Béda, près du Grand Lac, dans le but de prendre des troupeaux.

Le capitaine Daumas, dont le service des renseignements était très bien fait, prévint de grand matin le général de ce qui se passait; mais le rassemblement des troupes au blockhaus de Ras-el-Aïn fut lent, on ne surprit pas l'embuscade et un combat de cavalerie s'engagea bientôt sur le lac même.

Un grand mirage rendant les mouvements confus, l'ennemi se retira sans qu'on pût le pousser vigoureusement. Mieux inspiré, Mustapha-ben-Ismaël se porta sur le Figuier et recueillit les honneurs de la matinée, en chargeant jusqu'à Dikha un parti de Garabas auxquels il coupa plusieurs têtes. Le 2ᵉ chasseurs à cheval eut quelques morts et blessés, dont plusieurs sous-officiers d'avenir.

Le général de Lamoricière profita de l'expérience de cette première action pour achever son organisation de marche. Il constitua un personnel de direction pour sa tête de colonne. Un officier choisi *ad hoc*, entouré de guides arabes, la précédait d'une quarantaine de pas, ayant derrière lui un cavalier porteur d'un fanion blanc avec une étoile rouge au centre. C'est sur les traces de ce cavalier que le guide de gauche du premier peloton de la colonne devait marcher.

J'eus pendant plusieurs années l'honneur d'être en avant du fanion de direction que les soldats avaient surnommé l'*Étoile polaire* et dont le fréquent privilège fut de servir de point de mire aux coups de l'ennemi.

Tout en guidant la colonne, je faisais le lever à vue du terrain et la reconnaissance des routes que nous parcourions, ajoutant chaque jour de nouveaux travaux à ceux que j'avais exécutés depuis 1836.

Oran était si étroitement serré que son marché était nul. Il n'y arrivait ni bestiaux ni grains ; il fallait que tout nous vînt d'Europe. Abd-el-Kader, nous bloquant à distance, avait établi deux camps : l'un sur le cours supérieur du Rio-Salado, l'autre sur la rive droite du Sig, près des anciens magasins turcs connus sous le nom de Bordj-Tchelabi.

Sous cette pression, les tribus n'osaient plus avoir aucune relation avec Oran, dont elles-mêmes avaient ordre de surveiller les abords, soit en y plaçant leurs douars, soit par des postes. Les Garabas, tribu dévouée à l'émir et très énergique, nous observaient avec le plus de soin et ne laissaient pas échapper l'occasion d'un assassinat ou d'un coup de main; leur audace les conduisit même dans l'intérieur de notre ligne de blockhaus.

Le général se proposa de faire cesser cette contrainte incommode.

Payant au poids de l'or les renseignements des transfuges et de quelques bandits des Douairs et des Smélas, le capitaine Daumas avait formé de ces gens une compagnie dans laquelle chacun était chargé d'exploiter la région qu'il connaissait le mieux. Le vol des chevaux s'exerçait concurremment avec l'espionnage. Ces indigènes s'appelaient les Saab-el-Zaïda (*les compagnons du butin*), et pas un seul n'était parmi eux qui n'acceptât ce titre. Leur industrie n'était pas nouvelle ni même, avant notre arrivée, sans considération, à en juger par ce que j'ai entendu de la bouche du général Mustapha-ben-Ismaël :

« Ah! s'écriait-il un jour avec un grand soupir, il n'y a plus d'hommes! que sont devenus ces bons voleurs que j'ai connus quand j'étais jeune! » Et assure-t-on, en ce moment, il faisait un retour sur ses anciennes prouesses.

Grâce aux compagnons du butin, le général apprit que Ben-Yacoub, ancien agha des Garabas, était campé avec une grande partie de la tribu, sur le haut Tlélate, à Mekedra. J'avais parcouru cette direction en 1836 et 1837 et même je l'avais levée. Une razzia fut résolue.

Nous nous mîmes en route à la tombée de la nuit. Le lendemain matin nous atteignîmes, à dix lieues d'Oran, les tentes de Ben-Yacoub, dont on enleva même la famille. Le succès fut complet. Nous rentrâmes dans nos lignes avec nos prises avant que l'ennemi eût eu le temps de se réunir pour nous attaquer.

Cette affaire réveilla l'ardeur de nos soldats. Le général me fit une large part dans son rapport et demanda pour moi le grade d'officier de la Légion d'honneur.

Le maréchal Soult, qui était ministre de la guerre, répondit avec bonté qu'il me tiendrait compte de mes services, mais non dans la forme qu'on lui proposait. J'étais alors capitaine de 2e classe et il m'était impossible, avant d'être arrivé à la première, de penser au grade supérieur, dont d'ailleurs je ne me préoccupais nullement encore.

La razzia de Mekedra répandit la crainte chez toutes les tribus voisines d'Oran; elles s'éloignèrent et se gardèrent avec plus de soin.

Pour le moment, il fallait donc renoncer à les surprendre comme nous venions de le faire; mais il ne dépendait pas d'elles de nous empêcher de les atteindre dans leurs dépôts de grains. Les Oulad-Ali, entre autres, avaient leurs principaux silos sur la rive droite du Tlélate, à peu de distance de l'endroit où Ben-Yacoub avait été razzié. Une marche de nuit nous y conduisit; une demi-journée fut employée à les vider.

Dans l'après-midi, au moment où nous commencions notre mouvement de retraite pour aller camper sur le Tlélate inférieur, un combat s'engagea, pendant lequel une compagnie de flanqueurs, longeant mal à propos un ravin divergeant de la direction de la colonne, se trouva un instant compromise. Le colonel chef d'état-major de Maussion voulut la dégager en chargeant, ce qu'il fit avec quelques cavaliers. Cet effort eut plein succès, mais le colonel y fut atteint mortellement.

Le chef d'escadron d'état-major de Crény courut les plus grands dangers dans la mêlée qui eut lieu pour enlever le corps du colonel, que je vis rapporter sur l'encolure du cheval d'un brigadier de chasseurs. Il ne donnait pas signe de vie. Une balle, qui lui avait brisé un bras, pénétrait dans la poitrine. Il reprit un peu ses sens à l'ambulance, prononça plusieurs fois le nom de sa femme et, comme on s'occupait à le saigner pour prolonger son existence de quelques minutes, il rendit sa belle âme à Dieu. Six braves chasseurs étaient tombés autour du colonel, trois d'entre eux ne reparurent plus.

Nous avions pris notre bivouac à l'entrée de la plaine du Tlélate. Le lendemain matin, nous nous trouvâmes entourés de toutes parts; mais, dans ce terrain nu et uni, il était facile de tenir l'ennemi à distance; nous pûmes continuer sur Oran.

A hauteur de Dikha, les escadrons du 2ᵉ chasseurs soutinrent un combat sérieux contre les cavaliers réguliers de Bou-Amedi, qui cherchaient à doubler la pointe orientale du Grand Lac pour inquiéter le convoi de grains que ramenaient nos indigènes. Le capitaine Joly, qui commandait l'escadron le plus engagé, le conduisit au feu de la manière la plus brillante, sous les yeux de l'armée, qui, grâce à la forme du terrain, pouvait suivre toute l'action.

Le lendemain eut lieu l'enterrement du colonel de Maussion ; son cercueil était suivi de ceux des trois chasseurs tombés à son côté.

La population entière d'Oran s'était portée sur le passage du cortège funèbre ; tous les yeux versaient des larmes. Le commandant de Crény prononça un digne éloge du colonel, au cimetière de Ras-el-Aïn.

Plus que personne j'avais le droit de regretter mon excellent chef ; depuis 1836, je ne m'étais pas séparé de lui ; au bivouac, nous partagions le même abri, nous reposions côte à côte sur la même couverture ; nos repas se faisaient en commun ; il avait pour moi une bienveillante affection.

La sortie suivante nous conduisit dans la plaine de Melata, au delà des ruines d'Akbeil, où nous joignîmes quelques Beni-Amer campés dans la vallée de Tamsoura. L'importance du résultat consista dans un enlèvement de grains qui, avec celui de Bou-Choui-cha, contribua à apporter du bien-être chez nos Douairs et nos Smélas.

Le blocus devint dès lors moins étroit ; quelques bestiaux reparurent sur le marché d'Oran ; la remonte put aussi reprendre ses achats.

L'effectif des troupes de la division ayant été notablement augmenté, le génie avait construit un baraquement sur le plateau Saint-Philippe et comme la paille de couchage manquait, les bataillons, à tour de rôle, allaient dans la plaine des Andalouses cueillir de l'alfa, sorte de jonc de montagne, qui convient parfaitement pour garnir des paillasses.

Le général fit servir cette circonstance à ses projets contre les .Oulad-Kralfa, campés au delà du Rio-Salado, tout près du Sinan, à vingt lieues d'Oran.

Sans éveiller aucunement l'attention, il put ordonner pour toute la division une corvée d'alfa et gagner de la sorte six lieues sur les vingt à parcourir. Il m'avait envoyé prendre, au camp du Figuier, le bataillon d'infanterie légère d'Afrique ; je le lui amenai de nuit à travers la montagne du Santon. Dès que le général fut informé de son approche, il gagna encore une demi-marche à la faveur de grands plis de terrain.

Après une halte de trois heures, sans feu, dans un profond ravin, il se remit en route à la nuit, fit enlever avec un grand bonheur, par le capitaine Daumas, les gardes que les Oulad-Kralfa entretenaient sur le sommet du Mézaita et, à la pointe du jour, il arrivait sur le Rio-Salado. La cavalerie prit alors les devants et, se laissant aller à son ardeur, elle fit heureusement une pointe profonde, très hasardeuse, qui eut pour résultat des prises considérables.

Le camp de Bou-Amedi était à peine à cinq lieues de nous ; mais, ce jour-là, le kalifa fêtait le Ramadan chez les Oulassa, sa tribu.

Le général avait judicieusement compté sur cette fête pour la réussite de son coup de main, et ce fut en effet le lendemain seulement que nous eûmes à combattre. Un retour offensif eût été peut-être opportun ; le général, à cause de la longue étape que nous avions à faire, y répugna. Nous fûmes suivis jusqu'à El-Amria.

Le 13ᵉ léger, commandé par le colonel de La Torre,

y trouva l'occasion de faire une brillante arrière-garde ;
c'était son début. Le soir, nous couchâmes à Bridia,
et le lendemain à Oran où nous trouvâmes le lieutenant-colonel Pélissier, désigné pour remplacer le colonel de Maussion.

Il y avait déjà une amélioration considérable dans
nos affaires ; le général de Lamoricière les conduisait
avec autant de prudence que d'habileté ; ses opérations étant toujours préparées dans tous leurs détails et dans un secret absolu.

On vient de voir comment elles étaient couronnées
de succès.

Toutefois, nous n'étions pas encore entrés en action
avec les forces régulières de l'émir ; ce délai profita à
nos troupes et eut bientôt un terme.

Plusieurs projets étaient à l'étude tant contre Bou-
Amedi, campé sur le Rio-Salado supérieur, que contre
Mustapha-Ben-Tami qui avait pris position au delà du
Sig, près des anciens magasins turcs. Sous sa protection, des laboureurs et des bergers des Garabas
s'étaient avancés sur la rive gauche du Sig, vis-à-vis
de l'Arich. Le général se décida à les enlever, sauf à
accepter le combat si Mustapha venait le chercher.

Nos forces se composaient d'une dizaine de bataillons, de dix escadrons et d'une batterie de montagne.
Nous quittâmes Oran, le 12 janvier au soir, en nous
dirigeant par Sidi-Chami et les puits de Bou-Fatis,
pour doubler la pointe ouest de la saline d'Arzew et
déboucher dans Ceyrat en traversant la forêt de Muley-
Ismaël. Un assassin célèbre, nommé Hadj-Mohamed-

Zabadoun, nous servait de guide. Je précédais la colonne avec lui. J'ai souvent cheminé de même, en pareille compagnie.

Zabadoun s'acquitta de sa mission en homme qui sait son métier, évitant les lieux et les chemins où nous aurions pu rencontrer quelque voyageur ou quelque poste. Ses précautions n'étaient pas inutiles.

A hauteur des puits de Bou-Fatis, nous vîmes plusieurs feux que nous supposâmes ceux de quelque garde. Comme nous n'avions aucun intérêt à la déranger, Zabadoun nous fit faire un petit détour sur la droite. Dans l'obscurité de la nuit, ce changement de direction nous sépara pendant une heure du général Mustapha et de sa cavalerie, ce qui nous causa un peu de retard et une vive inquiétude, qui eût été bien plus grande si nous eussions soupçonné ce qu'on saura tout à l'heure.

Enfin, à huit heures, nous tombions sur les Azib des Garabas. Le lieutenant-colonel de Montauban poussa jusqu'en vue de Bordj-Tchalabi; le camp était vide. Méditant depuis quelques jours une attaque sur Oran, Mustapha-ben-Tami en avait pris le chemin à l'heure même où, la veille, nous nous mettions en marche et c'étaient ses feux qui nous avaient divisés pendant la nuit et que nous avions évités à Bou-Fatis.

Cependant deux cavaliers douairs étaient tombés dans ses avant-postes. Avant de les tuer, il les avait interrogés, et dès lors il n'avait plus pensé qu'à regagner Bordj-Tchalabi. Il en suivait le chemin et sortait de la forêt, en vue de notre colonne dont il avait ren-

contré les traces, tandis que celle-ci, très fatiguée, gagnait avec ses prises les marabouts de Sidi-Abdherra-
mann-Sommège, après avoir fait dans la plaine un
changement de direction à gauche.

Mustapha-ben-Tami nous envoya quelques tirailleurs
et continua sur Bordj-Tchalabi, sans chercher davantage, ce jour-là, à nous inquiéter.

Dans la soirée, le général délibéra sur le choix de
la route qu'il prendrait pour rentrer à Oran. Il s'en
présentait trois : d'abord celle qui nous avait amenés ;
elle avait l'inconvénient d'un long parcours dans des
parties boisées ; puis celle qui du Sig gagne le vieil
Arzew, par l'extrémité est des salines ; elle n'offrait
pas d'eau connue et exigeait un long circuit pour aller
boire au vieil Arzew ; enfin, celle du général Trézel, en
juin 1835, rendue célèbre par le désastre de la Macta.
Le général s'arrêta à la deuxième.

Nous nous mîmes en mouvement au jour. Deux
heures après, nous gravissions le versant est de Muley-
Ismaël, en laissant à notre droite les marabouts de
Sidi-Lakdar.

Nous arrivions à leur hauteur, lorsqu'un fort bataillon d'infanterie régulière apparut sur notre gauche,
à la lisière du bois. Longeant notre colonne à contre-
sens, il précipitait le pas avec l'intention évidente
de se jeter sur notre arrière-garde. Bientôt, il l'aborda
avec une audace qu'exaltait la présence de la cavalerie
régulière et de la nombreuse cavalerie des tribus circonvoisines, déjà engagées.

Un bataillon du 15ᵉ léger reçut le choc, en fut fort

ébranlé et se replia en désordre. Heureusement, il n'entraîna pas le bataillon suivant, contre lequel l'infanterie régulière se portait avec une confiance sans égale, quand tout à coup, elle se vit surprise et écrasée par une charge de notre cavalerie, dont la courbure du terrain lui dérobait l'approche. Celle-ci, sabrant tout ce qu'elle rencontrait, descendit comme un ouragan jusqu'à la plaine, chassant devant elle Mustapha-ben-Tami et sa nombreuse cavalerie qui ne reparut plus.

Nous gagnâmes Gudyeil le soir même, sans brûler une amorce. Les Garabas, livrés au plus violent désespoir, enterrèrent aux marabouts de Sidi-Lakdar plus de 300 cadavres.

CHAPITRE VII

En rentrant à Oran, nous apprîmes l'arrivée du général Bugeaud à Alger ; il y remplaçait le maréchal Valée. Le général Bugeaud manda aussitôt le général de Lamoricière près de lui ; j'y fus aussi appelé. Le poste de deuxième aide de camp m'avait été réservé auprès du gouverneur général. Je le remerciai d'avoir pensé à moi, mais je lui demandai de retourner à Oran. Je ressentais une grande sympathie pour le général de Lamoricière, dont le rôle allait être si important dans cette conquête qu'on se décidait enfin à poursuivre.

Il avait un plan d'opérations tout arrêté : « Occuper Mascara ; rayonner autour de cette ville ; forcer les tribus à choisir entre nous et Abd-el-Kader, dont on finirait par détruire les forces régulières qu'il lui faudrait bien exposer, s'il voulait protéger les populations contre nos coups. »

Pour cela on partirait de Mostaganem, afin d'avoir à parcourir la moindre distance, du littoral notre première base, à Mascara qu'on occuperait activement. Douze bataillons suffiraient.

Il demeurait entendu qu'on opèrerait sans transports roulants, sans canons de campagne, *impedimenta* désormais condamnés ; Mascara, pour sa défense, serait pourvu d'ailleurs de quelques pièces de huit et de douze, et pour les travaux et transports, de quelques prolonges.

Souvent aussi, il avait été question de Tagdempt, devenu l'arsenal principal de l'émir dans la Province d'Oran ; il parut nécessaire qu'il fût ruiné dès les débuts de la campagne, qui dut s'ouvrir vers le milieu du mois de mai.

A son retour d'Alger, le général de Lamoricière procéda aux préparatifs nécessaires à l'exécution de ses projets. Misserghin, le Figuier, la ligne des blockhaus et tous les postes furent approvisionnés pour plusieurs mois, afin qu'on n'eût de quelque temps à se préoccuper de leur ravitaillement. Il prescrivit aussi toutes les précautions relatives à la sécurité d'Oran pendant son absence.

Vers le milieu du mois de mars, voulant exercer les troupes à marcher et à camper, il leur fit faire une douzaine de journées de marche dans les montagnes des Beni-Amer. Nous franchîmes le Tessalah par la gorge de l'Oued-el-Haimer. Après avoir atteint la Mekerra, nous nous rabattîmes sur Oran par le Lerdjam-el-Aïssaoui, Aïn-el-Hadjar et le bord septentrional du Grand Lac. Ce mouvement eut pour effet de rejeter au loin les camps de Ben-Tami et de Bou-Amedi. Ce dernier s'éloigna vers Tlemcen.

Mostaganem servant de base d'opérations, la concentration de l'armée devait s'y faire. Les troupes d'Oran s'y rendirent dans les premiers jours d'avril par le Tlélate, le Sig, l'Habra et Mesera ; le général Bugeaud débarqua à Mostaganem, le 12 mai 1841.

Il avait déjà marqué sa présence dans la province d'Alger par de vigoureux combats, dont le ravitaillement de Médéah et de Milianah fut l'occasion.

Comme en 1836, la cavalerie dut porter des vivres sur ses chevaux. Du reste, elle ne marcha qu'en petit nombre, pour ne pas allonger inutilement les colonnes.

Dans la zone montagneuse où le général opérait, il se contentait de quatre à six escadrons au plus ; mais il les lançait avec résolution dans des retours offensifs aussi fréquents qu'il était nécessaire, et dans lesquels notre infanterie, se précipitant sur l'ennemi la baïonnette en avant, le poursuivait à outrance.

Le général Bugeaud avait amené avec lui d'Alger quelques beaux bataillons, entre autres les deux bataillons de zouaves que commandait le colonel Cavaignac.

Nous avions aussi d'importants moyens de trans-

port ; le génie comptait plusieurs compagnies et un état-major nombreux ; enfin, le duc de Nemours venait prendre le commandement d'une des brigades du corps expéditionnaire.

Généraux, troupes, vivres et matériel étant réunis à Mostaganem, il fallait arrêter un parti définitif sur ce qu'on allait entreprendre. Le général Bugeaud manda chez lui le général de Lamoricière, qui se fit accompagner du capitaine Daumas et de moi. Nous apportions l'un et l'autre les itinéraires par renseignements des directions suivant lesquelles on allait probablement opérer.

Nous prîmes séance, ainsi que le colonel d'état-major de La Rue, envoyé par le ministre de la guerre pour suivre la campagne.

Le général de Lamoricière développa de nouveau son projet d'occuper Mascara, pour rayonner autour de cette place. Pour cela il fallait l'approvisionner, ce qu'il eût désiré faire sans perdre un instant.

Le général Bugeaud ne se souciait guère de cette occupation. Il voulait, en se faisant suivre d'un convoi qui porterait un grand nombre de jours de vivres, pénétrer au cœur de la province afin d'amener Abd-el-Kader à quelque grande bataille. Si celui-ci la refusait, le général comptait voir les tribus venir à nous.

Il pensait avant tout à renverser le fort de Tagdempt ; Thaza devait être détruit simultanément, mais il attachait à la ruine de Tagdempt une importance bien plus grande, l'émir en ayant fait, en quelque sorte, sa capitale.

La présence du duc de Nemours donnait à l'entreprise une opportunité toute particulière.

Le général Bugeaud examina les diverses hypothèses que le nombre de jours de vivres qu'il pourrait transporter à sa suite permettait d'établir. Je me hasardai à lui dire que j'avais un projet qui satisfaisait à tout et je le résumai ainsi : « Marcher directement sur Tagdempt ; se donner, pour sa destruction, trente-six heures ; gagner Mascara ; y laisser 2,000 hommes de garnison, nos malades et le restant de nos vivres, qui constitueraient à cette garnison un approvisionnement de vingt jours ; descendre, avec l'armée, de Mascara à Mostaganem pour en ramener un autre grand convoi à Mascara, d'où l'on partirait pour opérer au cœur du pays selon les vues du gouverneur général et du général de Lamoricière, avec le bénéfice de l'effet moral produit par la ruine de Tagdempt et par la prise de possession de Mascara. »

Après une très courte discussion, ma proposition fut agréée. Il s'agissait donc de se rendre de Mostaganem à Tagdempt avec du canon de 12 et 120 voitures et de Tagdempt à Mascara avec le même attirail.

Le capitaine Daumas dit qu'il se faisait fort de servir de guide dans la première partie de l'opération ; je me chargeai du même office pour la deuxième.

Le 24 mai, après plusieurs combats dans l'Oued-Relouk et chez les Flitas, nous parvînmes devant Tagdempt. Une grande colonne de fumée s'élevait de l'enceinte rectangulaire du fort, que l'on disait miné, tandis qu'une fusillade assez vive partait de la rive gauche de l'Oued-Candjar.

Arrivé le premier devant la porte du fort, je m'arrêtai pour laisser au lieutenant-colonel Pélissier la satisfaction d'y pénétrer avant personne. Nous trouvâmes sous la voûte d'entrée un chat et un chien pendus côte à côte. C'était sans doute une façon des Arabes de nous exprimer que nous serions toujours vis-à-vis d'eux comme chien et chat.

La dévastation par l'incendie n'était en réalité qu'apparente. Quant à la manufacture d'armes et au moulin à poudre situés en dehors du fort, le matériel en avait été démonté, dispersé et caché dans les environs.

Pendant que les bivouacs s'établissaient, les zouaves eurent un beau combat de l'autre côté de Candjar, avec les réguliers qui se retirèrent par les plateaux du Sersous dont nous apercevions les abords. On ne se rendait pas compte, à cette époque, de la séparation naturelle de l'Algérie, en pays de labour ou Tell et en hauts plateaux ou région de pâturages, précédant le désert et ses oasis et dépendant du Tell par ses besoins.

Avant cette distinction importante que le général de Lamoricière fut le premier à préciser, il était impossible de mesurer la tâche qu'imposait à nos efforts la soumission de l'Algérie.

Le 25 mai au matin, le fort de Tagdempt fut détruit par la mine, sous les yeux de l'armée et de l'ennemi qui garnissait les crêtes environnantes.

Le même jour, le général Baraguay d'Hilliers faisait subir le même sort à Thaza.

Le départ eut lieu aussitôt après l'explosion du fort ; une embuscade tendue dans les ruines du village de Tagdempt, au moment où on l'évacuait, eut, sous le commandement du chef de bataillon Maissiat, un plein succès.

Suivis par de nombreux contingents, nous eûmes chaque jour à combattre jusqu'à la plaine d'Eghris. A Fortasa, le général en chef crut qu'une grande affaire allait s'engager. L'émir l'évita.

Nous arrivâmes, le 1er juin, sous Mascara en partie incendié et dont l'ennemi ne défendit que faiblement les approches. Le colonel Tempoure occupa la ville avec trois bataillons ; les malades et blessés furent établis dans la grande mosquée.

Je m'étais bien tiré de l'engagement que j'avais pris à Mostaganem vis-à-vis du gouverneur, de le guider de Tagdempt à Mascara, de manière à y amener sans mécompte son artillerie et ses transports roulants ; une circonstance fortuite troubla la satisfaction que j'en ressentais.

Le jour de notre passage à Fortasa, le général en chef m'avait invité à dîner ; il avait à sa table trois députés, le colonel de La Rue, des officiers du duc de Nemours, enfin son état-major particulier.

La conversation, toujours animée autour du général en chef, eut ce jour-là, pour texte, la difficulté de faire la guerre dans un pays dénué de ressources comme l'Algérie. Or nous étions campés au milieu de très belles moissons et nous avions pour sièges des gerbes de blé. Excité à la contradiction par la vue de ces richesses agricoles, je me hasardai à dire que je voudrais bien savoir si les légions romaines ne vivaient pas sur ce pays qu'on appelait alors le grenier de l'Italie. Je n'avais pas fini cette malheureuse phrase, que la foudre m'avait déjà frappé.

Le général me reprocha d'être l'écho des généraux de Lamoricière et Cavaignac et de venir à dessein lui dire en face et en choisissant mon auditoire, qu'on pouvait vivre sur le pays, afin que si plus tard il ne le soumettait pas, on pût soutenir que cet échec tenait à ce que lui, général Bugeaud, s'était refusé à employer les moyens qu'on lui avait indiqués pour y parvenir.

Je me bornai à répondre au général qu'il était trop haut placé au-dessus d'un modeste capitaine pour que les paroles de celui-ci pussent l'atteindre. Mes excuses furent mal reçues : j'avais indiqué qu'il y avait des ressources à tirer de ces moissons qui couvraient la terre ; un ordre du jour me chargea d'assurer avec elles l'approvisionnement des magasins de Mascara.

Comme moyen d'exécution, je reçus la faculté illusoire de réclamer du commandant supérieur quelques corvées de soldats, pour recueillir les récoltes sur pied ou les grains en silos, qui pouvaient se trouver sous le canon de la place.

Fort ému de cette aventure, je voulais demander ma rentrée en France ; le général de Lamoricière me conseilla de rester calme. Ma disgrâce me valut quelques témoignages d'intérêt : le duc de Nemours m'en-

voya quelques bouteilles de vin, cadeau auquel je me
plus à donner la signification d'une bienveillance de
circonstance.

L'armée séjourna vingt-quatre heures sous Mascara. Après y avoir mis garnison, parqué ses voitures
et son canon de campagne, installé ses malades, ses
blessés et le surplus de ses vivres, elle se mit en route
pour Mostaganem par Akbet-Kredda.

Le colonel Tempoure, auquel le commandement supérieur de Mascara avait été confié, tomba immédiatement malade; le commandant Géry, qui remplissait
les fonctions de commandant de la place, le suppléa
dans le commandement et ce fut l'origine de l'avance-
ment rapide qu'obtint ensuite ce soldat instruit, capable, énergique et entreprenant.

Il m'aida autant qu'il le put, dans la mission dont
m'avait chargé le général en chef. Je rassemblai les
bois qui se trouvaient dans les maisons, de petits
moulins arabes qui devaient bientôt être si utiles, de la
chaux, des briques, enfin la paille et les grains qu'on
découvrit dans quatre ou cinq silos. En même temps,
des corvées moissonnaient, sous les murs de la ville,
quelques champs d'orge et de blé. Cette moisson fut
battue et donna de la paille longue pour le couchage de
nos malades.

Pendant ce temps, le commandant Géry organisait
la défense avec une rare intelligence.

Le général Bugeaud, dans sa marche sur Mostaganem, eut à soutenir un très chaud combat d'arrière-
garde au passage d'Akbet-Kredda. Ce défilé étroit ne

permit pas un retour offensif ; d'ailleurs le soldat n'avait dans le sac que deux jours de vivres et la réserve de cartouches avait été laissée en grande partie à Mascara.

Au bout de huit jours l'armée y était de retour, amenant de Mostaganem un grand convoi, dans lequel les services de l'artillerie et du génie, ainsi que l'administration, avaient chacun leur part.

L'occupation de Mascara était dès lors un fait accompli. Le gouverneur général ne s'y résigna pas facilement. La conquête de l'Algérie lui avait paru longtemps une entreprise regrettable ; mais la France, le gouvernement voulaient cette conquête ; il ne restait plus qu'à marcher vers ce résultat et le général Bugeaud s'y consacrait tout entier.

Il commença à Mascara, par remplacer, sur la proposition du général de Lamoricière, le colonel Tempoure par le commandant Géry. Ce choix heureux nous valut de garder la place sans établir la ligne de blockhaus, employée dans toutes les occupations précédentes.

Le commandant Géry sut faire respecter sa banlieue, en courant sur l'ennemi dès qu'il se montrait à portée.

Je m'attendais à trouver un accueil très froid chez le général en chef ; j'allai cependant au-devant de lui.

Dès qu'il m'aperçut, il m'appela et me demanda si j'avais dans Mascara une chambre où il pût écrire ; je lui offris de descendre dans la masure où je m'étais abrité. Il y vint, renvoya tout le monde et se mit à me dicter l'ordre qui informait les troupes des prix auxquels l'administration leur achèterait les grains et la paille qu'elles récolteraient. « Vous voyez, me dit-il, que je veux mettre vos idées à l'essai. Vous serez récompensé si elles portent fruit ; dans le cas contraire, vous aurez à vous repentir de vos erreurs. »

Dès le lendemain, l'opération des moissons commença sous les ordres du colonel Randon. Je lui fus donné pour chef d'état-major. On tenait la faucille d'une main, le fusil de l'autre. Les produits furent importants au point de vue de la paille, mais les gerbes rapportées de loin arrivaient égrenées, et l'armée ne recueillait guère journellement que l'équivalent de sa consommation en céréales.

Pendant ce temps, le génie s'occupait d'installer un moulin à manège en utilisant les rouages et les meules de trois petits moulins à turbine, qui existaient à une lieue et demie de Mascara sur le ruisseau des Ouled-Sidi-Daho. J'appris alors par expérience que l'établissement complet des moyens de mouture pour 10,000 hommes est une affaire sérieuse.

Le général de Lamoricière était tout entier à la constitution de sa nouvelle base : l'administration de la ville fut confiée à une commission ; lui-même rédigea les règlements destinés à en assurer le fonctionnement. Le casernement des troupes fut aussitôt établi, les divers services entrèrent en possession des locaux qui leur étaient nécessaires ; la part des hôpitaux fut naturellement la meilleure.

La conduite et la distribution des eaux ayant été

assurées, des irrigations garantirent aux troupeaux de l'administration quelques herbages artificiels, pour les jours où la présence de l'ennemi empêcherait de faire paître au dehors. Chaque corps reçut des jardins et des semences ; la ville fut assainie, son enceinte réparée et mise en état de défense. Les voies de communication autour de la ville furent élargies et améliorées.

Tandis que le général de Lamoricière se livrait à ces travaux, le général Bugeaud, s'éloignant de Mascara plus qu'il ne l'avait fait au début des moissons, se portait sur le Maoussa pour continuer ces dernières, en même temps qu'il viderait dans la même région des silos abondants.

Nos Douairs, que les primes encourageaient dans cette exploitation, rapportèrent des quantités de grains importantes et l'approvisionnement de Mascara s'en trouva notablement augmenté aux dépens de l'ennemi.

Mais il était réservé au général de Lamoricière de donner toute sa puissance à ce moyen d'obtenir la soumission des tribus, en faisant moudre au bivouac même le blé et l'orge qu'il leur enlevait et en l'employant à l'alimentation journalière et immédiate de ses soldats. Dès lors, les opérations, que la nécessité de venir se ravitailler dans des places de dépôt faisait précédemment interrompre, ne furent plus sujettes à ces intermittences, qui compromettaient les résultats acquis.

Abd-el-Kader cessa ainsi d'avoir la facilité de rétablir son influence après un échec en châtiant les tribus qui nous avaient fait soumission et que momentanément nous laissions sans protection contre ses vengeances.

Revenue de Maoussa, l'armée, laissant trois bataillons à Mascara, partit pour Mostaganem. Cette fois le gouverneur passa par El-Bordj, où nous nous battîmes.

Au delà de ce point, la cavalerie atteignit une émigration dans les gorges de la rivière de Calaâ et lui fit quelques prisonniers. Nous prîmes notre bivouac à Assian-Romeri et le lendemain, la division s'arrêta à Mesera, d'où elle alla camper entre Mazagran et Mostaganem.

Le général de Lamoricière y arriva avec une fièvre violente et nous donna des inquiétudes très vives; en même temps il apprenait la mort de sa mère.

Le dévouement dont l'entourait son état-major était sans bornes; il y trouva quelque consolation.

Quant à moi, je voyais en lui l'instrument indispensable d'une conquête dans le succès de laquelle personne à peu près n'avait foi; j'avais pleine confiance dans ses vues, mais elles rencontraient dans les sommités de l'armée une telle opposition, que je craignais que celle-ci n'eût pour conséquence de nous faire retirer les moyens de les poursuivre.

CHAPITRE VIII

Au bout de quatre jours passés à Mostaganem, un
peu de mieux s'étant déclaré dans son état, le général
de Lamoricière se fit mettre à cheval et nous reprîmes
le chemin de Mascara.

Avant de regagner Alger, le gouverneur général
passa quelques jours à Mostaganem, où le bruit courait
que les Medgeers allaient se décider à la soumission. Le
général Tempoure reçut le commandement de la place,
pourvue d'une garnison considérable, et le capitaine

d'artillerie Walsin Esterhazy lui fut donné pour ses relations avec les indigènes.

Le capitaine Walsin s'était beaucoup occupé des affaires du pays; il parlait et lisait l'arabe et avait publié en 1837 un ouvrage remarquable sur la constitution du gouvernement des Turcs dans la province d'Oran. Cet ouvrage eut une importance considérable au milieu de l'ignorance où l'on était, à cette époque, de l'histoire de la domination antérieure, dont il y avait cependant à tirer des enseignements utiles pour fonder la nôtre.

Le capitaine Walsin avait de l'expérience, était de bon conseil, plaisait aux Arabes dont il empruntait en partie le costume et pratiquait avec un grand succès cette maxime que « si la parole est d'argent, le silence est d'or ».

Notre marche de Mostaganem à Mascara n'offrit rien de particulier. Aussitôt arrivé, le général prit toutes ses mesures pour continuer les moissons. La principale exploitation eut lieu autour des marabouts de Sidi-Daho. Elle fut souvent contrariée par l'ennemi, notamment le 13 juillet 1841.

Ce jour-là, vers midi, une attaque sérieuse s'annonça et l'on prit les armes. Deux bataillons restèrent pour garder le camp et nous nous portâmes en avant. Les troupes furent d'abord massées derrière le relèvement rocheux du marabout de Sidi-Daho, sur le terre-plein duquel, pour mieux juger la situation, le général se tenait en observation sous une fusillade des plus vives. Ses dispositions arrêtées, il me prescrivit de donner la direction aux zouaves en les précédant avec l'*étoile polaire*. Je m'élançai, suivi de quelques officiers montés, les zouaves se précipitant sur nos traces au pas de course.

Notre cavalerie avait pris la charge sur la droite des zouaves, les spahis en tête; malheureusement, les accidents du terrain rompirent son élan et elle était dans un certain désordre et cherchait à se reformer, lorsque Mustapha-ben-Tami, arrivant à toute vitesse avec ses réguliers, déboucha tout à coup au galop sur elle. Le moment était critique, il fallait payer d'audace.

Avec le colonel Yusuf, le maréchal des logis Fleury et quelques cavaliers, nous nous jetâmes à la rencontre des réguliers. Ceux-ci s'arrêtèrent à portée de pistolet, firent une décharge de leurs armes et cédèrent le terrain. On se mit sur leurs traces avec le 2e chasseurs d'Afrique aux ordres du colonel Randon.

L'escadron du capitaine de Forton, lancé en avant, pressa vigoureusement, au passage d'un ravin, un gros de cavaliers auquel il fit subir des pertes sérieúses.

Nous rentrâmes dans nos bivouacs à la nuit, notre extrême arrière-garde étant accompagnée par de la fusillade jusqu'au camp.

Mon porte-fanion, brave homme qui resta longtemps dans cette fonction, fut cité à l'ordre du jour. Il s'appelait Priou.

Le besoin de repos étant devenu impérieux, nous prîmes la direction de Mostaganem. Pour éviter un combat qui nous eût, sans profit, causé des pertes, le général, après avoir indiqué l'intention de descendre dans la plaine de l'Habra par le chemin d'El-Bordj, poussa brusquement plus à l'est pour surprendre le passage du Menaouer. Il réussit à n'y avoir qu'une affaire d'arrière-garde, qui ne coûta que quelques hommes.

Le 16 juillet, notre bivouac sur l'Oued-Tiliouanet ne fut pas pris avec assez de précaution : établi le long de la rivière sur un terrain dominé au sud et à l'ouest, il nous valut, au milieu de la nuit, l'agrément d'une forte mousqueterie.

Le calme des troupes fut admirable ; l'infanterie se plaça derrière les faisceaux et y resta immobile, attendant ce que tenterait l'ennemi. Au bout d'une heure et demie, il cessa son feu et parut se retirer. Une vingtaine d'hommes et un plus grand nombre de chevaux avaient été atteints.

Au jour commença un combat animé qui dura jusqu'à Sidi-el-Megrdade, sur l'Hilhil. Les Arabes croyaient sans doute que leur attaque de la nuit nous avait démoralisés, la manière dont ils furent reçus leur démontra leur erreur. Ils n'en furent pas moins très tenaces, malgré plusieurs retours offensifs de notre arrière-garde, aux ordres du commandant de Barral.

Deux jours après nous entrions à Mostaganem, avec des troupes presque épuisées. Ainsi qu'il arrive souvent en pareil cas, on accusait hautement le général de Lamoricière de céder aux suggestions de son ambition personnelle et de sacrifier la vie du soldat, en poursuivant obstinément une entreprise dont le succès était impossible.

Après quarante-huit heures de repos, le général partit pour Oran par l'Habra et le Sig, avec les corps qu'on ne pouvait pas abriter à Mostaganem. Une cavalerie assez nombreuse nous suivit jusqu'au Sig sans qu'il en résultât d'engagement.

Le général déploya à Oran son activité habituelle; il exerçait surtout une surveillance rigoureuse sur les soins à donner aux hommes et aux chevaux. Puis, il se rendit par mer à Mostaganem, pour assurer aussi sur ce point les préparatifs d'une prochaine campagne.

Les grandes chaleurs passées, les troupes furent de nouveau concentrées autour de cette dernière ville, où le gouverneur général ne tarda pas à arriver. Il venait d'opérer vigoureusement dans la province d'Alger, sans toutefois obtenir de soumissions.

Quant à la province de Constantine, sauf quelques agitations partielles, elle était paisiblement occupée et jusqu'à un certain point obéissante entre les mains de ses anciens chefs, dont la sage politique du maréchal Valée avait su nous gagner le concours.

Le général Bugeaud espérait que la campagne qui allait s'ouvrir forcerait les tribus, qu'on lui représentait comme épuisées et dégoûtées de la lutte, à faire leur soumission. On assurait même que la grande tribu des Flitas était disposée à se résoudre à cette démarche, à l'exemple d'une partie des Medgeers qui venaient de demander l'aman en donnant des otages.

Cependant, le général de Lamoricière insistait auprès du général en chef pour approvisionner Mascara, afin de pouvoir agir ultérieurement d'une manière continue au cœur de la province, surtout contre les deux tribus des Hachem-Cheragas et des Garabas, aussi puissantes que fanatiques et sur lesquelles l'émir, originaire de la première, était fondé à compter le plus.

Pour concilier les vues de son lieutenant et les siennes, le gouverneur général décida qu'il y aurait deux colonnes, l'une dite *politique*, dont il prendrait le commandement, l'autre dite *de ravitaillement*, sous les ordres du général de Lamoricière.

Celle-ci devait conduire avec elle tout ce qu'on pourrait réunir de transports. Suffisamment forte en infanterie et en artillerie, elle ne comptait qu'un escadron régulier et de cinq à six cents cavaliers du Maghzen, destinés à porter sur leurs chevaux des sacs de vivres.

Partisan des idées du général de Lamoricière, le général Mustapha n'avait pas dédaigné de prendre le commandement de cette cavalerie démontée; l'autre partie du Maghzen, conduite par El-Mezari, fut attachée à la colonne politique fortement constituée en infanterie, en artillerie et en cavalerie régulière.

Le gouverneur général partit de Mostaganem, cinq à six jours avant le général de Lamoricière, avec lequel je restai tout naturellement, et se porta au-devant de la tribu des Flitas, supposée la plus traitable. Elle ne vint pas et le bon parti fut pris d'aller à elle en razzia. Le succès fut peu considérable.

Dans le but de garantir la conduite, jusqu'à Mostaganem, de bestiaux qu'elle avait enlevés, la colonne politique était revenue en arrière et se trouvait à Madar, le jour où la colonne de ravitaillement arrivait à Assian-Romeri, avec l'intention de s'engager le lendemain dans la montagne d'El-Bordj, qu'elle devait traverser pour aller à Mascara.

A ce moment, le général de Lamoricière apprit que cette route était occupée par des forces très considérables.

Il réunit les chefs de corps, leur fit selon sa coutume l'exposé des circonstances et leur déclara que son intention n'était pas d'affronter un combat pour lequel sa colonne était mal organisée, de telle sorte qu'elle pourrait, tout en faisant de grosses pertes, échouer dans sa mission qui était l'approvisionnement de Mascara. En conséquence, son parti était pris de prévenir le gouverneur général, qu'il savait à Madar, que le lendemain il suivrait la plaine pour aller le rejoindre sur l'Hilhil, afin d'agir ultérieurement de concert.

Cette résolution, que le gouverneur loua plus tard comme elle le méritait, excita les réclamations du cercle d'officiers auquel le général s'adressait. Le chef d'état-major, le colonel Pélissier, me pressa de supplier le général, dans l'intérêt de sa gloire et de la gloire de ses troupes, de renoncer à se réunir au général en chef et de forcer seul le passage.

Je ne consentis pas à cette démarche; je comprenais les sentiments de ceux qui m'y poussaient; mais j'estimais qu'à la guerre il ne faut pas faire ce qui convient à l'ennemi. Le vieux Mustapha pensait de même.

Le lendemain, les deux colonnes se rejoignirent sur l'Hilhil; le jour suivant, elles montèrent à Aïn-Kébira. Là, nous apprîmes, d'une manière certaine, qu'Abd-el-Kader avait compté combattre la colonne de ravitaillement dans les montagnes et que probablement, nous le rencontrerions le lendemain à El-Bordj.

Sur cette nouvelle, le gouverneur leva son camp d'Aïn-Kébira de grand matin. Le général Mustapha éclairait la marche; il rencontra les vedettes ennemies à El-Bordj, les poussa devant lui et arriva au-dessus de Ternifine, en présence de forces considérables.

La cavalerie régulière de l'émir prit aussitôt contre lui une si vigoureuse offensive, que notre tête de colonne d'infanterie, avec laquelle marchait le général de Lamoricière, n'arriva que juste à temps pour contenir cette attaque. Enfin, les escadrons de chasseurs entrèrent en ligne et prirent la charge; mais, accueillis par les escadrons réguliers déployés et faisant feu de pied ferme à portée de pistolet, ils durent, en subissant chaque fois des pertes sensibles, chasser l'ennemi de trois positions successives avant de le déterminer à la retraite, qu'il fit en bon ordre.

Après cette rude matinée, l'armée fit halte sur l'Oued-Abadi, dans le lit même duquel elle enterra ses morts; puis elle reprit la direction de Mascara où elle arriva le lendemain, après avoir couché sur l'Oued-Maouna.

On s'était battu à Mascara les jours précédents.

Le commandant Géry, auquel nous apportions les épaulettes de lieutenant-colonel, avait victorieusement repoussé l'ennemi aussi souvent qu'il avait tenté de se rapprocher de la ville : la troupe avait montré dans ces sorties un élan extrême.

Quelques officiers en donnaient l'exemple, surtout le capitaine d'artillerie de Broïn et le lieutenant d'état-major de Mirandol, avec lesquels j'entretenais des relations très affectueuses.

De Broïn fut blessé mortellement dans une de ces affaires ; sa mort causa d'unanimes regrets.

Après avoir repris des vivres à Mascara, le gouverneur général résolut de se porter dans le pays des Ouled-Seliman, chez lesquels Bou-Amedi était établi au Kremis, à l'entrée de la plaine de Tiliouis.

Comme nous avions plus de troupes qu'il n'en fallait pour constituer au gouverneur général une colonne respectable, le général de Lamoricière avait eu la pensée de lui proposer d'employer le surplus à aller chercher à Mostaganem un convoi de vivres.

Le général m'ayant demandé ce que j'en pensais, je lui exposai mon inquiétude que cette opération ne fût de nature à donner à Abd-el-Kader les mêmes chances favorables que nous lui avions à propos refusées, deux mois auparavant, à Assian-Romeri. Cette observation ayant été agréée par le général, sur sa proposition, le gouverneur général décida qu'après prélèvement fait des forces nécessaires pour agir chez les Ouled-Seliman, chacun de nos régiments d'infanterie contribuerait, en donnant son 3e bataillon, à former au lieutenant-colonel Géry une colonne suffisante pour aller vider des silos dans le sud de la plaine d'Eghris.

On lui adjoignit Mustapha-ben-Ismaël dont les cavaliers, satisfaits des bénéfices qu'ils réalisaient dans ces exploitations, ne faisaient plus de difficultés pour marcher à pied, à côté de leurs chevaux chargés de grains à destination de Mascara.

Tous les transports de l'artillerie, du génie et du train, voitures et bêtes de somme, qui n'étaient pas indispensables aux ambulances et aux batteries, furent mis également à la disposition du colonel Géry.

En se rendant de Mascara chez les Ouled-Seliman, le général Bugeaud eut, à la seconde marche, un combat d'arrière-garde peu sérieux près d'Ikan, avant l'Oued-el-Hammam. Arrivé au Kremis, il changea brusquement de direction pour entrer dans les montagnes des Guetarnyas que Bou-Amedi évacua devant nous, en se couvrant de larges et profonds ravins, qui ne permirent pas de gêner sa retraite sur Tlemcen. Aussi, notre succès se borna-t-il à la prise de quelque bétail. Quatre à cinq familles des Hadars, fugitifs de Mascara, nous rallièrent.

N'ayant plus rien à faire dans cette région accidentée et inculte, dont les rares habitants n'ont pour industrie que la fabrication du goudron, nous descendîmes sur l'Oued-el-Hammam, près de la Guetna de Sidi-Saïd Maÿ-el-Din, frère de l'émir. Cette Guetna, célèbre par ses aumônes, sa bibliothèque et l'école de Tolbas que dirigeait Saïd lui-même, fut alors complètement détruite.

Le sixième jour après notre départ de Mascara, nous reparaissions sous ses murs.

Pendant ce temps, le colonel Géry avait fait trois gros convois de grains, qui à eux seuls constituaient à la garnison normale de la place un approvisionnement en blé de plusieurs mois. La réserve d'orge était relativement encore plus considérable, à cause du petit nombre de chevaux que devrait conserver cette garnison, quand son rôle se bornerait à la garde de la place.

A dix-huit lieues dans le sud de Mascara, l'émir avait fondé Saïda. Cette forteresse renfermait des ateliers pour la fabrication et la réparation des armes à feu, des approvisionnements de bouche et une manutention pour le biscuit.

Située à la limite du Tell et des hauts plateaux, Saïda exerçait une grande influence sur les régions avoisinantes et par conséquent sur la Yacoubia, peuplée de tribus belliqueuses et inquiètes. Tout récemment, elles s'étaient révoltées contre Mustapha-ben-Tami et il était probable que si nous allions à elles après avoir détruit Saïda, elles viendraient à composition.

Le général de Lamoricière m'avait fait préparer l'itinéraire à suivre; le gouverneur l'ayant adopté, nous partîmes avec une forte colonne.

A une marche de Saïda, nous fûmes attaqués la nuit, très sérieusement, par l'infanterie régulière, à notre bivouac du marabout de Sidi Aïssa-Manno; les soldats d'Abd-el-Kader arrivèrent jusqu'à nos faisceaux.

Nous étions mal gardés et l'on prétendit même alors que la compagnie de garde à l'angle menacé du carré n'avait pas de sentinelle devant les armes. Le gouverneur général prit aussitôt les mesures qu'exigeait la situation. Nous eûmes une quinzaine d'hommes hors de combat.

Au lever du soleil, des tourbillons de fumée annoncèrent l'incendie de Saïda; quand nous y arrivâmes, tout était consumé.

Dans ce trajet d'Aïssa-Manno à Saïda, notre arrière-garde fut vivement suivie et perdit du monde, particulièrement dans le terrain boisé et raviné qui constitue cette partie de la rive gauche de la rivière de Saïda. Comme à Tagdempt, le génie fit sauter l'enceinte de la ville.

Le lendemain dans l'après-midi, les Assessenas arrivèrent, ainsi qu'on l'avait espéré, ayant à leur tête un personnage fort célèbre, le caïd El-Romsi. Il nous offrit de nous mener immédiatement contre Mustapha-ben-Tami. Le soir même, mais un peu tard, parce qu'il fallut attendre des guides, nous partîmes en nous prolongeant au-dessus du grand escarpement qui sépare au loin, à l'est et à l'ouest, le Tell des hauts plateaux.

Le matin, nous tombâmes à l'Oued-Fofot, sur un convoi chargé d'effets d'uniformes pour la troupe régulière. Ce résultat ne satisfaisait pas le gouverneur et il se montrait très disposé à s'emporter contre El-Romsi dont les dires, sans aucun doute, avaient beaucoup trop flatté nos espérances. Nos yeux, d'ailleurs, ne savaient guère encore reconnaître, sous un burnous grossier et souvent misérable, les hommes de valeur et d'influence.

Le général de Lamoricière, lui, ne s'y trompait pas. Parlant leur langue, familiarisé avec leurs mœurs, il avait sur les indigènes un grand ascendant et réussissait mieux que personne à en tirer parti, en employant la crainte ou les promesses, accompagnées au besoin de généreux cadeaux.

De l'Oued-Fofot où ceci se passait, nous continuâmes vers l'est.

Nous étions campés à Tagremaret sur l'Oued-el-Abd, quand une attaque soudaine de 1,000 à 1,200 chevaux réguliers faillit enlever tous nos fourrageurs. Il s'ensuivit un beau combat de cavalerie, dans lequel nos spahis, conduits par le colonel Yusuf, firent merveille. Les chasseurs, s'étant jetés trop à gauche, eurent le chagrin de ne pas concourir directement à ce succès. Le capitaine d'état-major de Senneville fut blessé à la main en tuant un régulier d'un coup de sabre.

Le retour des spahis au camp fut triomphal et mérite d'être décrit, parce qu'il donne une idée de cette époque.

Ils revinrent musique en tête; derrière marchaient les prisonniers, la corde au cou; puis, plusieurs rangs de cavaliers menant en main les chevaux de prise tout sellés, les armes suspendues à l'arçon; enfin, un double rang de spahis, les fusils haut, et ayant chacun une tête au bout du canon.

Les escadrons, précédés de leurs blessés et de leurs morts portés sur des cacolets et sur des litières, fermaient la marche.

Pour surprendre les tribus, il fut question de revenir rapidement sur nos pas. L'ordre fut même expédié au colonel Géry d'aller de Mascara fermer le col de Benian, issue principale par laquelle les populations cherchaient à fuir. Cette opération semblait devoir réussir; il fallut y renoncer à cause de la rigueur de la saison.

De peur de laisser le colonel Géry dans l'embarras, eu égard au peu de forces dont il disposait à Benian, le gouverneur alla l'attendre à Sidi-Ali-ben-Aoumeur. La nuit que nous y passâmes fut signalée par un heureux coup de main. Le capitaine Walsin, chargé d'enlever une grand'garde, y réussit complètement et fit un agha prisonnier.

Presque immédiatement après son retour de Saïda, laissant à Mascara trois bataillons et un approvisionnement de viande considérable, le général Bugeaud descendit avec le général de Lamoricière sur l'Oued-el-Hammam, par la route d'Oran. De là, traversant les Ferragas, il gagna Mostaganem par la plaine de l'Habra.

Avant de quitter le colonel Géry, le général de Lamoricière lui recommanda de préparer activement l'installation des troupes avec lesquelles il allait revenir, pour peser durant tout l'hiver sur les tribus circonvoisines, qui, jusque-là, n'avaient donné aucun signe de lassitude, malgré cinq mois d'une guerre ardente.

Voici, à ce propos, un fait assez bizarre.

Pendant notre traversée de la plaine de l'Habra, un cavalier arabe se présenta à l'arrière-garde avec une lettre qu'il déposa sur un buisson ; on la remit au gouverneur général. Elle portait en arabe cette adresse : « Au Caïd du port d'Alger », et après maints sarcasmes elle se terminait ainsi : « On nous a dit « que vous autres Français aimez les chevaux à courte « queue. Nous attendons que nos juments en pro- « duisent un pareil, pour vous le conduire en signe « de soumission. »

La lettre était d'Abd-el-Kader.

Instruit de notre approche, le colonel Tempoure, qui commandait toujours à Mostaganem, avait jugé à propos de se porter à Surkelmitou, pour décider les Medgeers à venir à composition, comme ceux des leurs établis sous le canon de la ville. Il subit quelques pertes et dut rétrograder en toute hâte pour éviter un échec grave. Le chef d'escadron de Montauban, qui commandait la cavalerie, fut grièvement blessé.

Quelques jours après, les affaires prirent de ce côté une bonne tournure.

A Oran, le commandant de la place, le colonel de Montpezat, qui exerçait sur les lieux le commandement supérieur, s'était avancé jusqu'à Bridia avec sa garnison composée des faibles éléments laissés par les bataillons actifs. Il cédait au désir de rallier les dissidents des Douairs et des Smélas campés sur l'Oued-Malah. Sa colonne, insuffisamment constituée, se retira sans avoir obtenu de résultats.

Ce mouvement, qui n'était pas sans danger, fut blâmé par le général de Lamoricière venu par mer de Mostaganem à Oran, afin d'y hâter les derniers préparatifs de son départ pour Mascara. Il donna alors au général Le Vasseur ses instructions et des moyens plus complets pour le renouvellement de l'expédition du colonel de Montpezat.

Cette fois, elle fut couronnée de succès.

CHAPITRE IX

Nous partîmes de Mostaganem pour Mascara, dans
les derniers jours de novembre.

Le général de Lamoricière emmenait avec lui huit
vieux bataillons, une batterie de montagne, 150 spahis
de choix commandés par le colonel Yusuf et 15 cavaliers d'élite du Maghzen.

Le lieutenant-colonel d'état-major Pélissier était
notre chef d'état-major ; il avait avec lui trois jeunes
et excellents officiers, le capitaine d'état-major de

Senneville et les lieutenants d'état-major Renson et Cassaigne.

J'étais chargé du service topographique, du service des guides, de l'étoile polaire et du détail des affaires arabes que le général dirigeait lui-même.

Il s'agissait surtout d'avoir de bons renseignements et de bons guides.

Le général emmenait encore un personnage, qui mérite une mention spéciale. C'était un nommé Djelloul, de la tribu des Hachem. Humilié dans son pays, il était venu à Mostaganem. Le capitaine Walsin eut lieu de constater la connaissance extraordinaire de toute la région située autour de Mascara qu'il avait acquise, en faisant depuis sa jeunesse, de nuit et de jour, des transports de grains, des silos des diverses tribus au marché de Mascara.

Avide d'argent, vain, rempli de haine et lâche, Djelloul s'offrait pour nous conduire à tous ces silos, qu'il avait si fréquemment visités et même pour nous indiquer les lieux où les populations, lorsqu'elles émigraient, avaient coutume de se réfugier. Le général usa pendant plusieurs mois de générosité, d'égards et presque d'attentions, pour tirer tout le parti possible de ce monstre, qui seul pouvait lui rendre d'aussi précieux services.

Nous emmenions autant d'ânes qu'on en avait pu réunir. Cet animal, très sobre, porte un poids assez considérable. Un homme peut en conduire plusieurs, ce qui, proportion gardée, devait mettre moins de soldats hors des rangs qu'un équipage de mulets, pour lesquels il faut un conducteur par mulet et au moins trois kilogrammes d'orge par jour.

Quand les conducteurs ont un peu l'habitude de mener des ânes, un convoi de ces animaux marche bien, s'ils sont raisonnablement chargés. D'ailleurs, les razzias devaient nous permettre de réparer nos pertes.

Le lieutenant d'état-major Trochu fut chargé de la mission très importante de constituer et de diriger le parc des ânes.

Au départ de Mostaganem, toutes les bêtes, même les chevaux de main des officiers, furent employées à porter ; l'ambulance n'eut que le strict nécessaire pour le transport du matériel et des blessés.

A l'artillerie fut confiée la conservation des moulins portatifs du modèle dit Laferté, tandis que de petits moulins arabes en pierre furent donnés aux corps de troupe. Ceux-ci reçurent le nombre d'ânes nécessaire pour se faire suivre de ces appareils de mouture ainsi que des vivres d'ordinaire, dont les compagnies s'étaient approvisionnées le plus largement qu'elles avaient pu.

Le capitaine Pariset commandait l'artillerie.

Les noms que je viens de citer, entre plusieurs autres bien connus de l'armée, ont droit à cette mention spéciale dans le récit de la mémorable campagne que le général de Lamoricière allait diriger avec l'habileté et la persévérance qui sont le privilège de l'homme de génie, soutenu par un ardent patriotisme et par l'amour des grandes choses.

De pareils sentiments se communiquent et, dans

nos rangs, depuis le général jusqu'au simple soldat, chacun comprenait la portée de ce qu'on allait entreprendre.

La colonne n'emmenait que la fanfare des spahis et il me souvient qu'au départ, elle jouait un air connu sur ces paroles de circonstance, car la tâche fut rude : « Pauvre soldat en partant pour la guerre ».

De Mostaganem à Mascara, nous n'eûmes à combattre qu'à El-Bordj ; un retour offensif y calma l'ardeur des Borgia qui avaient cru pouvoir nous suivre parce qu'ils nous voyaient sans aucune cavalerie. En effet, nos cent cinquante spahis marchaient à pied, au milieu de la colonne, menant en main leurs chevaux chargés ; mais tout à coup ils jetèrent leurs fardeaux à terre et, sautant à cheval, ils firent une très belle charge et en rapportèrent une douzaine de têtes.

Le chef de bataillon de Montagnac nous causa des inquiétudes, en se laissant entraîner beaucoup trop loin à la poursuite de nombreux cavaliers.

Une bien fâcheuse nouvelle nous attendait à Mascara : notre troupeau y avait été enlevé presque en totalité et le lieutenant de Mirandol, en le défendant jusqu'à la dernière extrémité, avait été fait prisonnier avec les soldats chargés de la garde des animaux.

Le général de Lamoricière fut ému de cet événement ; il voyait ses projets compromis par le manque de viande. Cette denrée était indispensable à notre alimentation, qui, dans la rapidité de nos mouvements, allait se trouver réduite à la farine grossière que nous donnaient, à l'aide de nos petits moulins, les grains saisis sur l'ennemi : or, de cette farine, on ne pouvait faire que de la bouillie ou des galettes de pâte non levée, cuites dans le fond des gamelles.

Déjà toutes les dispositions rémunératrices relatives à la découverte des silos, à leur vidage, à la livraison des grains à l'administration, étaient arrêtées. Elles étaient de nature à rendre les privations moins sensibles au soldat, directement intéressé, d'autre part, aux prises de bétail.

Comme les grains, les animaux étaient livrés à l'administration et leur valeur, après prélèvement des salaires des guides et des espions, était répartie entre les capteurs, au prorata de leur grade.

Les capitaines des compagnies devaient, au moyen de ces recettes, assurer à leurs troupes des vivres d'ordinaire aussi abondants que le permettraient les circonstances et compléter les masses individuelles des hommes, en faisant en sorte toutefois qu'ils reçussent en mains propres de quoi les satisfaire.

Voici, du reste, ce qui avait été réglé et se pratiqua avec un succès complet, pour l'exploitation des silos :

Chaque fois que la division avait à exploiter des silos, une prime variable, selon la difficulté de les trouver, était d'abord assurée à tout soldat qui, soit au moyen d'une baguette de fusil, soit en fouillant le sol sur des points désignés par certains indices, venait à découvrir un silo.

Des transports et des sacs étaient aussitôt mis à la disposition de la compagnie de l'auteur de la découverte ; la compagnie vidait le silo et en livrait le

contenu : blé, orge ou sel, à l'agent de l'administration commis à ces réceptions; celui-ci en payait la
valeur en argent au commandant de l'unité intéressée
et devenait comptable de la denrée dans les formes
ordinaires de prise en charge et de distribution. Le
blé remplaçait le plus souvent le pain et les légumes.

Avec les moulins portatifs de l'artillerie et les
petits moulins arabes des compagnies, on faisait sur
place, de bivouac en bivouac, de ce blé farine, puis,
de la farine, la bouillie ou les galettes dont j'ai parlé.

Afin de conserver la disposition de ses moyens de
transport et d'être toujours prêt à agir, le général,
autant que possible, tenait le sac du soldat au complet de huit jours de vivres. Chaque homme était libre
de prendre en sus une provision particulière de grains,
avec la latitude de la verser à son bénéfice dans les
magasins, quand la division venait toucher barre à
Mascara.

Certaines compagnies d'élite, dans ces retours,
versèrent jusqu'à douze kilogrammes par homme.

Le général faisait acheter par l'administration tout
ce que les soldats trouvaient en étoffes de tente, petits
moulins arabes, laine, paniers, etc. Les ânes, les mulets, les chevaux, les selles, les armes étaient également achetés aux capteurs, car, pour réduire les populations à se soumettre, il fallait les ruiner et les
poursuivre à outrance, en vivant des ressources qu'on
leur enlevait.

On pouvait craindre que le régime exceptionnel
ainsi imposé à nos troupes, avec de grandes fatigues,

ne fût de nature à porter atteinte à leur santé. Il n'en fut rien.

Le général avait fait saisir, en arrivant à Mascara, tout l'alcool apporté de Mostaganem par les cantiniers venus en dernier lieu à la suite de la colonne. Ils furent indemnisés et les soldats purent recevoir de temps à autre, opportunément, une ration d'eau-de-vie.

La suppression de tout abus de boissons alcooliques fut pour beaucoup dans l'excellent état sanitaire qui se maintint pendant toute cette campagne, la plus active et la plus efficace de toutes celles qui contribuèrent à la conquête de l'Algérie.

Faisant abstraction de la constitution du pays et des nécessités de la guerre que nous fîmes alors, on a pu prétendre que le général de Lamoricière, par ces incessants enlèvements de silos mêlés de razzias dont vécut sa petite armée, avait favorisé chez elle le développement de certains instincts de pillage et de désordre. La vérité exige qu'on répète, au contraire, qu'on ne vit jamais de troupes plus humaines ni mieux disciplinées : elles connaissaient le but élevé auquel tendaient leurs efforts et elles en étaient justement fières.

Elles donnèrent à leur chef toute leur confiance, et leur admiration fut bientôt acquise aux talents éminents qu'il déploya dans une entreprise, dont dépendit, et j'insiste sur cette expression, dont dépendit la ruine d'Abd-el-Kader, avec ses conséquences ultérieures pour notre domination.

Djelloul ne tarda pas à donner au général de Lamoricière des preuves de son savoir-faire. En premier lieu, il nous conduisit aux Matamores-el-Abiod, situés à hauteur et un peu à l'est de Cachrou, dans la plaine d'Eghris.

Au retour, nous fûmes tout d'abord suivis par une cavalerie nombreuse et entreprenante; il en résulta un premier engagement; un deuxième eut lieu le lendemain vis-à-vis des jardins de Beni-Yaklef, autour de tas de paille que les réguliers voulurent nous disputer et qu'ils tentèrent d'incendier; nous rentrâmes dans Mascara chargés de grains.

Dès notre arrivée à Mascara, la ration de viande avait été réduite à cause de la perte du troupeau; mais cette réduction ne pouvait pas nous mener loin.

Les conséquences de la prise de nos bœufs et de nos moutons pèseraient-elles donc sur tout l'avenir de la campagne? Faudrait-il retourner à Mostaganem chercher de la viande sur pied? Était-on certain que cet approvisionnement s'y trouvât en suffisance?

Ces questions nous préoccupaient cruellement, lorsque deux Medgeers arrivèrent porteurs de dépêches de Mostaganem.

Le général les appela et les questionna sur la mission aventureuse qu'ils venaient d'accomplir : il apprit, entre autres détails, qu'ils avaient failli être arrêtés à l'Oued-Sidi-Daho, où les chiens d'un douar les avaient poursuivis.

Sur cette indication, suffisante pour le général de Lamoricière, nous étions en marche le soir même et le lendemain matin, nous faisions une razzia considérable sur les Ouled-Sidi-Daho. Notre approvisionnement de viande se trouvait ainsi assuré de nouveau et nous pouvions désormais suivre, sans préoccupation, le plan d'opération que le général avait arrêté.

Je n'essayerai pas de donner un récit détaillé de cette laborieuse époque : les marches de nuit étaient incessantes, le succès les couronna presque toutes.

Pendant tout l'hiver, nous fûmes constamment en mouvement : on ne rentrait, à de longs intervalles, dans Mascara, que pour quelques heures. Plusieurs fois les troupes firent, d'une seule traite, des marches de quinze et même de dix-huit lieues. Les razzias et les enlèvements de silos se répétaient dans toutes les directions.

Le colonel Yusuf, avec ses cent cinquante spahis, accomplissait des prodiges de bravoure et d'audace. Tout lui réussissait.

Les prises permettaient de remplacer les pertes de chevaux qu'une pareille activité entraînait.

Pour soutenir notre poignée de cavaliers, le général avait organisé des bataillons d'élite, dont des mulets portaient les sacs : ces bataillons se lançaient au pas de course sur les traces des spahis.

Le lieutenant-colonel Renault les commandait et leur communiquait son élan ; il eut un beau succès aux Matamores de Nouasseur, dans la surprise d'un grand détachement de cavaliers réguliers. L'agha de la cavalerie, Ben-Aïssa, y fut fait prisonnier.

Nous ne combattîmes d'ailleurs sérieusement que dans les premiers temps, particulièrement sur l'Oued-

Maoussa, où nous fîmes quelques pertes ; mais nous eûmes beaucoup à souffrir de l'hiver qui fut très froid et très pluvieux. Dans un retour d'El-Bordj à Mascara, nous eûmes des hommes gelés.

Vers la fin de janvier, le général Bedeau, qui avait succédé à Mostaganem au colonel Tempoure passé à Oran, nous arriva avec un convoi de ravitaillement, le premier qui nous vint de la côte.

Le général emmena des prisonniers, des troupeaux de prise et nos malades, dont, surpris par une tempête de neige, il perdit plusieurs. Dans le nombre, on eut à regretter le jeune capitaine de Morisure qui, tombé la nuit sans qu'on s'en aperçût du cacolet sur lequel on le transportait, périt misérablement dans une mare de boue où on le retrouva le lendemain matin.

Le général Bedeau nous avait apporté des médicaments, du sucre, du café et autres denrées accessoires. Notre système de vivre sur le pays n'en fut pas modifié et nous continuâmes à battre le terrain dans un rayon de vingt lieues. Nous saisîmes ainsi, dans Nosmode, un gros dépôt de poudre de l'émir.

Bientôt nos relations avec les Assessenas des Djafra se renouèrent ; ils envoyèrent un de leurs marabouts résider à Mascara.

Il n'y avait de véritablement soumis autour de nous que les Beni-Chougran, qui étaient venus demander l'aman après la razzia de Sidi-Daho. Ils commencèrent. à approvisionner notre marché de pain, de figues, de volailles, d'un peu de grains, d'étoffes de laine, etc.;

ils nous assurèrent aussi le moyen d'établir une ligne de correspondance régulière avec Mostaganem.

Le général Bedeau venait d'ailleurs d'ajouter à la soumission des Medgeers celle des Borgias de Ceyrat et des Abid-Cheragas, à la suite d'une forte razzia qui avait eu lieu le jour même de la razzia de Sidi-Daho. Par une de ces coïncidences fréquentes des événements heureux ou malheureux, les choses se dessinaient en notre faveur, du côté de Tlemcen, en raison d'une cause singulière.

Un sultan s'était révélé chez les Traras.

C'était un pauvre maître d'école, vendeur d'amulettes, nommé Ben-Abd-Allah et originaire des Oulad-Sidi-Chigr du Tell.

Un jour, il annonça que, dans une vision, il lui avait été révélé qu'il devait renverser Abd-el-Kader par le secours des chrétiens.

Un personnage très influent des Grossels, Muley-Chigr, qui avait subi un outrage du kalifa Bou-Amedi, sans en obtenir justice, vit aussitôt dans Ben-Abd-Allah un instrument de vengeance. Il entra donc en relations avec le général Mustapha-ben-Ismaël, alors à Oran, et ce dernier décida le colonel Tempoure à accepter une entrevue avec le nouveau sultan.

Elle eut lieu près d'El-Bridj et le colonel promit l'appui de nos armes.

Accouru d'Alger à la nouvelle de ce qui se passait, le gouverneur général marcha aussitôt sur Tlemcen et y appelant, de Mostaganem, le général Bedeau, il lui donna le commandement de la place et de son territoire.

Ben-Abd-Allah, acclamé par les tribus circonvoisines, fut placé près du général avec le titre de kalifa et un traitement de 18,000 francs.

Le colonel Tempoure eut quelque chagrin de ne pas recevoir le commandement de Tlemcen, auquel il se croyait des droits par ce qui avait précédé; il n'y entra que comme colonel du 15e léger.

Le colonel de Montpezat se trouvait ainsi de nouveau commander à Oran lorsque, quelques semaines plus tard, Bou-Amedi enleva de nuit plusieurs tentes des Douairs établies dans l'enceinte même des block-haus. Cette circonstance malheureuse priva le colonel de tout espoir d'obtenir le grade d'officier général.

De Tlemcen, le gouverneur général alla détruire le fort de Sebdou, situé à dix-huit lieues au sud, sur le territoire des Ouled-Ouriach, à la limite du Tell et des hauts plateaux et à six lieues à l'est de la frontière du Maroc.

Sebdou faisait partie de cette deuxième ligne de forts que jalonnaient Saïda, Tiaret et Thaza, dans la province d'Oran.

Après cette opération, le général Bugeaud retourna à Alger où les affaires n'avançaient pas aussi vite que dans l'ouest; là, l'occupation active de Mascara portait ses fruits.

Le général Bedeau soumit très rapidement toutes les tribus du territoire de Tlemcen jusqu'à la frontière, à la suite de plusieurs beaux combats et en usant en même temps d'une politique de modération et de douceur. Il fit aussi reconnaître la domination de la

France par les autorités marocaines, dans la personne du caïd d'Oudjda. Ces résultats lui firent beaucoup d'honneur.

Le général d'Arbouville ayant remplacé à Mostaganem le général Bedeau, nous ne tardâmes pas à nous trouver en relation avec lui sur l'Oued-el-Abd. Venu pour tâter les dispositions des Flitas, il monta jusqu'à Tagdempt, dont les ruines avaient reçu un commencement de restauration qu'il fit disparaître.

Il essuya dans ces parages un ouragan de neige que nous subîmes de notre côté sur le plateau de Medrossa, à une marche de Frendah.

Nous venions de faire une razzia très considérable par un temps magnifique; tout à coup le ciel se voila; une affreuse tourmente nous surprit.

Nous pûmes heureusement prendre à la hâte notre bivouac dans des bois; mais nos troupeaux effrayés s'échappèrent et une partie de nos prisonniers, particulièrement des femmes et des enfants, mourut de froid pendant la nuit.

Plus de quarante chevaux ou mulets de l'artillerie et du train eurent le même sort.

Le lendemain, nous gagnâmes péniblement la petite bourgade de Frendah, où nous nous entassâmes pour nous abriter.

Pendant la nuit, les Sdamas ramenèrent au camp le lieutenant Deligny, du 13ᵉ léger, qui, dans le cataclysme de la veille, s'était égaré avec quelques hommes qui périrent pour la plupart.

Sous l'impression des pertes que la tempête leur

avait causées, au milieu de leur mouvement d'émigration, les Sdamas venaient d'ailleurs faire leur soumission. Ils étaient dans le dernier dénuement : depuis
plus de quinze jours nous ne vivions que de leurs silos.

Le beau temps reparu, nous reprîmes le chemin de
Mascara.

Les Hachem s'étant enfin décidés à demander quar-
tier, les tribus de la montagne d'El-Bordj en firent
autant ; avant eux, les Garabas étaient allés trouver le
gouverneur général à Oran, ainsi que les Guetarnias et
les Oulad-Seliman.

Cet ensemble de soumissions créait une zone paci-
fiée assez étendue. Nous ne la traversions, il est vrai,
en petit nombre qu'avec des précautions ; mais dès
lors, nos marchés furent bien pourvus et les tribus
soumises nous fournirent des moyens de transport
pour l'approvisionnement de Mascara et pour les colonnes d'opération. La question la plus difficile dans
toutes les guerres était ainsi résolue.

Le général de Lamoricière appela, de Mostaganem
à Mascara, le général d'Arbouville avec ses troupes,
pour consolider et étendre les résultats obtenus, tandis que lui-même partait pour Oran, avec la belle division qui venait de passer sous ses ordres un hiver si
laborieux, mais si fécond en résultats. Cette division
rentra dans la capitale de la province avec une fière
attitude, que légitimaient ses fatigues et ses succès.

Si l'histoire de la conquête de l'Algérie est un jour
écrite avec une impartialité éclairée, la campagne
d'hiver de Mascara de 1841 à 1842 sera considérée

comme la cause la plus efficace de cette conquête; elle comptera dans les plus belles pages des annales de l'armée française.

Je n'ai jamais rencontré de militaire, officier ou soldat, ayant fait partie, à l'époque dont il s'agit, de la division de Mascara, qui ait refusé au chef qui nous conduisit son tribut d'admiration et qui ne se soit félicité d'avoir eu l'honneur de concourir à sa mémorable entreprise.

Personne autre que lui n'en avait, par avance, calculé la portée et précisé les conséquences.

Écrivant au duc d'Orléans à ce sujet, le général me faisait l'honneur de me citer au prince comme le seul officier sous ses ordres qui n'eût pas désespéré d'arriver à une bonne fin; je dois avouer pourtant que mes espérances furent plus d'une fois ébranlées par la crainte, non pas des difficultés que l'ennemi pouvait nous opposer, mais de celles dont les germes fomentaient dans nos rangs, à tous les degrés de la hiérarchie, et dans le gouvernement lui-même.

Le général de Lamoricière en triompha, à force de volonté, d'habileté, de courage et de génie.

Un jour qu'il s'agissait, avec lui, de ces entraves qui pouvaient aller jusqu'au refus des moyens nécessaires pour poursuivre l'entreprise, je lui disais que, s'il venait à échouer, il serait bien maltraité par l'opinion publique :

« Il y a dans ce cas un remède certain, me répondit-il, c'est de se faire tuer. »

CHAPITRE X

Peu après notre arrivée à Oran, quelques complications survinrent à Mascara. C'était à prévoir et il
est juste de reconnaître que l'éloignement du général
de Lamoricière devait exercer une grande influence, à
tous égards, sur l'état de soumission si récemment
obtenu.

En ce moment, le gouverneur général débarquait
à Oran.

Il arrêta que le général d'Arbouville et ses troupes

viendraient à Mostaganem pour faire partie, sous ses ordres, d'un corps nombreux avec lequel il allait remonter la vallée de Chélif, de manière à opérer sa jonction sur l'Oued-Rouïssa, avec une colonne venant d'Alger, commandée par le général Changarnier.

Pendant cette opération, le général de Lamoricière parcourait les hautes vallées qui déversent leurs eaux dans le Chélif par la Mina, pour tenir les Flitas en respect. On supposait même qu'il obtiendrait ainsi des soumissions immédiates.

Il se rendit d'abord à Mascara, par la Mekerra, Sidi-bel-Abbès, Taouriva, Aïn-el-Hadjar, Dayt-Kalâ et Saïda.

A Sidi-bel-Abbès, la cavalerie des Djafras vint rallier l'agha Mustapha-ben-Ismaël, qui avait avec lui une partie du Maghzen.

Je reçus à ce moment l'ordre de me rendre immédiatement à Mostaganem, à la disposition du gouverneur général, afin d'y être chargé de la topographie et des guides de sa colonne.

Le général d'Arbouville n'avait laissé à Mascara, des troupes venues avec lui de Mostaganem, qu'un bataillon indigène formé récemment et en majorité de Colouglis de cette dernière ville ; le capitaine d'artillerie Bosquet le commandait.

Lié d'amitié avec le général de Lamoricière, qui faisait grande estime de sa valeur, il était venu avec lui d'Alger en qualité d'officier d'ordonnance, et le nouveau commandement qu'il exerçait avec une grande distinction allait lui valoir le grade de chef de bataillon.

L'expédition du Chélif offrit ce caractère particulier, que toutes les tribus soumises de la province y prirent part, en fournissant des contingents de cavaliers qui marchèrent avec nos colonnes. Parmi les personnages importants qui se rallièrent ainsi à nous, le premier fut Sidi-Laribi. L'effet de ces rapprochements fut très grand sur les Arabes.

A l'exception d'une malheureuse affaire inopportunément engagée aux grottes du Béni-Zéroual par le colonel de Latorre, chargé de faire l'arrière-garde, et qui nous coûta quelques hommes au retour d'une razzia dans l'ouest du Dahra, la marche, depuis Mostaganem jusqu'à Milianah et Blidah, fut un véritable triomphe. A la vue d'une masse aussi considérable de leurs coreligionnaires, réunis sous le drapeau français, les tribus de l'est furent entraînées à se soumettre et pour la première fois, nos colonnes passèrent, l'arme au bras, sans brûler une amorce, le fameux col de Mouzaïa.

Selon l'expression du général Bugeaud dans son rapport, à la suite de cette expédition, « la ceinture de granit de la Metidja venait de s'écrouler ».

Après un repos suffisant à Blidah, où j'avais eu la satisfaction de rencontrer mon frère, alors capitaine adjudant-major au 26e de ligne, les troupes de la province d'Oran durent en reprendre le chemin.

Le général d'Arbouville en reçut le commandement.

Il ajouta les fonctions de chargé des affaires arabes à celles que j'avais remplies auprès du gouverneur général, qui m'avait traité avec beaucoup de bonté durant toute cette expédition.

Dans son cours, j'eus à remplir une mission qui m'enseigna, pour toute ma vie, la nécessité de ne laisser subsister, du chef au subordonné et réciproquement, aucun doute sur le but des ordres donnés et reçus. Voici le fait .

Arrivé à Goubbat-el-Bey, marabout sur la rive droite du Chélif, à peu de distance du confluent de l'Oued-Isly, le gouverneur général voulut faire croire à l'ennemi qu'il avait l'intention de passer sur la rive gauche du Chélif. Il m'ordonna, en conséquence, d'aller, avec une compagnie de chasseurs à pied et quelques sapeurs munis d'outils, exécuter le simulacre des préparatifs d'un passage.

Nous étions campés à trois quarts de lieue du fleuve. En m'y rendant, je rencontrai quelques vedettes ; je les chassai devant moi et remarquai avec attention le gué par lequel elles se retiraient ; il me parut assez profond ; toutefois, après m'y être engagé jusqu'au tiers de sa largeur, j'affectai d'avoir bien reconnu le point de passage et je fis préparer des rampes sur la berge gauche ; sur l'autre, elles étaient naturelles.

Tout cela avait eu lieu en face de cavaliers, avec lesquels nous avions échangé quelques balles d'une rive à l'autre.

J'étais convaincu que j'avais ainsi rempli les vues du général en chef, lorsque, le lendemain, il me demanda à voir le gué que j'avais reconnu.

Il monta à cheval avec une centaine d'hommes; je le guidais.

Arrivé au gué, après avoir descendu la rampe préparée, j'entrai dans l'eau résolument, ayant le tort de ne pas dire que, la veille, j'avais cru bien faire en ne passant pas sur la rive droite. Je sentis bientôt qu'il y avait un lit profond de vase sous les pieds de mon cheval; il était très vigoureux, de belle taille; je le soutins vigoureusement de l'éperon et pris terre sur l'autre bord.

Le gouverneur, qui me suivait, en fit heureusement autant; mais plusieurs cavaliers, et particulièrement le colonel de Latorre, s'embourbèrent et faillirent se noyer, eux et leurs chevaux. On s'empressa de chercher un autre gué et nous repassâmes la rivière sans perdre de temps : un rassemblement de cavaliers ennemis, témoin de nos embarras, allait en profiter et notre situation eût été fort critique.

Le gouverneur général s'attacha alors, comme sous-chef d'état-major général, le colonel Pélissier, notre chef d'état-major de la province d'Oran. Le lieutenant-colonel de Crény le remplaça dans ce poste, que lui assignaient depuis longtemps l'affection et l'estime du général de Lamoricière, habitué à lui départir une part considérable dans la rédaction de ses rapports.

En repassant à Milianah, nous trouvâmes la garnison émue d'un événement tout récent.

Le chef de bataillon Bisson, commandant supérieur, avait tenté une razzia contre les Beni-Menasser; il les trouva prévenus et réunis, dut regagner hâtivement la place, subit des pertes considérables et fut lui-même blessé.

Bien que nous ne fussions qu'en juin, nous souf-frîmes d'une chaleur excessive dans la vallée du Chélif et eûmes ainsi beaucoup de malades. Les spahis, qu'on avait remontés à tout prix et avec une précipitation nécessaire pour qu'ils pussent être en nombre, avaient, comme nos goums arabes, des chevaux en pitoyable état. Tout le monde aspirait au repos et comptait le goûter bientôt soit à Mostaganem, soit à Oran, lorsque le général de Lamoricière, qui était chez les Sdamas, après avoir incessamment parcouru les tribus du sud-ouest de la province jusque sur les hauts plateaux, nous fit parvenir ses ordres.

Il prescrivait au général d'Arbouville, campé sur le Riouh, de tenir la campagne et de se porter chez les Flitas, après avoir assuré le renvoi à Mostaganem et à Oran de ce qui rigoureusement ne pouvait plus mar-cher, y compris la cavalerie presque en entier et le Maghzen.

Je sus à ce moment que le gouverneur général me proposait pour le grade de chef d'escadron; peu avant, il m'avait cité à l'ordre de l'armée dans ces termes que je rapporte, parce que s'ils sont assurément très bien-veillants, ils sont aussi un peu singuliers :

« Le capitaine de Martimprey, officier distingué comme guerrier et topographe. »

Le général de Lamoricière me maintint à la co-lonne du général d'Arbouville. Je fis avec lui, chez les Flitas, deux courses, dont le seul événement fut une razzia sur les Ouled-Krouidem. Par une très regrettable erreur, notre cavalerie y tomba sur des douars soumis et leur fit beaucoup de mal, en perdant toutefois quatre ou cinq chasseurs et autant de chevaux.

Pour rentrer dans les errements du passé, le bureau arabe de Mostaganem, dirigé par le capitaine Walsin, avait fait nommer caïd des Flitas un Turc de famille beylicale, mais sans autorité ni influence personnelles. A chaque essai du même genre, nous nous apercevions que cette exhumation des institutions anciennes était impossible.

Abd-el-Kader avait placé comme chefs, aux divers degrés de la hiérarchie du commandement, des hommes pris dans l'aristocratie nobiliaire ou religieuse du pays. C'était donc à l'ambition de ces mêmes hommes qu'il nous était évidemment indiqué de nous adresser à notre tour, pour en faire les agents de la domination que nous voulions étendre sur les populations indigènes.

Les tâtonnements d'alors n'ont cependant rien qui doive surprendre et le général n'y sacrifia que le moins possible.

Suivant les mêmes principes qui avaient déterminé le choix du nouveau caïd des Flitas, nous investîmes alors bey de Mostaganem et kalifa de Mascara, deux fils du bey d'Oran, Osman.

Ils eurent de gros traitements, des drapeaux, un entourage et une musique.

Le premier se montra tout à fait nul et mourut au bout de quelques mois.

Le kalifa était un excellent homme, de bon sens,

de très bonne volonté, d'une parfaite docilité, point rapace ; peut-être nous fut-il utile. Son rôle s'amoindrissant rapidement, il s'estima heureux d'aller jouir dans le repos de la pension qui lui fut faite.

Son séjour à Mascara avait été de dix-huit mois environ, pendant lesquels le bureau arabe local s'était très fortement constitué sous la direction probe, intelligente et ferme jusqu'à l'absolutisme, du capitaine Charras, de l'artillerie.

A Tlemcen, l'ancien maître d'école des Traras, le kalifa Ben-Abd-Allah, n'avait pas tardé à être difficile à diriger, après nous avoir si bien ouvert les voies. Il fallut patienter pour éviter une révolte déclarée.

Il importe de remarquer que nos relations avec les Arabes étaient rarement directes. L'armée ne comptait pas plus de trois ou quatre officiers français parlant la langue arabe ; force était donc de recourir aux interprètes ; leur recrutement avait été très mauvais ; peut-être n'en pouvait-il être autrement.

Je croirai toujours qu'au début, on eut le tort de trop mal rétribuer ces fonctions ; la conséquence en fut que, sauf quelques exceptions honorables, l'armée ne disposa que d'interprètes de bas étage, sans éducation, sans moralité, qui trafiquèrent de l'ignorance du commandement, au détriment des affaires.

Je quittai le général d'Arbouville pour me rendre à Oran, afin de mettre au net mes travaux topographiques de l'expédition du Chélif ; je devais, après leur achèvement, rejoindre le général de Lamoricière.

Le capitaine Walsin me remplaça auprès du général d'Arbouville.

En revenant de Blidah, j'avais partagé ma tente avec un jeune officier dont j'ai déjà dit le nom, le lieutenant d'état-major de Mirandol. Fait prisonnier dans Mascara, l'année précédente, il avait été rendu par Abd-el-Kader au moment où le général Bugeaud arrivait à Milianah après avoir remonté le Chélif.

L'émir faisait là une application de cette manœuvre, qui lui servit si bien à retarder la soumission des tribus à nos armes. En effet, par ses soins habiles, ces remises de prisonniers étaient présentées aux populations comme le signe certain de négociations ouvertes pour une paix prochaine, à la conclusion de laquelle chacun aurait à rendre un compte sévère de sa fidélité et de son zèle pendant la guerre.

La captivité du capitaine de Mirandol avait elle-même été exploitée six mois auparavant, dans les circonstances suivantes :

Nous étions campés sur le Taghria en janvier 1842, lorsque deux officiers élevés de la cavalerie régulière se présentèrent aux avant-postes, demandant à parler au général de Lamoricière. Introduits près de lui, ils lui présentèrent une lettre du lieutenant de Mirandol, demandant quelques effets et des médicaments.

Le but réel de cette démarche était de faire penser aux Arabes qui nous entouraient et inclinaient à la soumission, qu'il s'agissait de préliminaires de paix.

Les gens du pays y crurent tellement, que, quittant leurs retraites, un grand nombre d'entre eux vinrent couronner les hauteurs voisines du camp, dans l'attitude de la curiosité et de l'attente.

Pour démasquer la ruse et les tirer d'erreur, on pointa vers eux une section d'obusiers, cachée par quelques broussailles et soudain on leur envoya une volée d'obus qui les fit fuir de tous côtés.

Le général, en causant avec les deux envoyés, apprit qu'ils étaient, l'un l'agha de la cavalerie régulière, Ben-Rabah, l'autre, un Siaf nommé Ali-ben-Aoumeur. Il leur parla du peu d'espérance qu'ils devaient conserver dans la fortune de leur maître, cause de tant de maux pour les Arabes. A cette insinuation de quitter l'émir, tous deux répondirent dignement par d'énergiques protestations de fidélité à sa personne. « Eh bien, leur dit le général, je vous reverrai donc bientôt, morts ou prisonniers. » Cette parole se vérifia.

La même année, Ben-Rabah fut fait prisonnier à Loha, et Ali-ben-Aoumeur, renversé de cheval par une blessure, dans une rencontre près de Sidi-Mohamed-ben-Aïssa, chez les Flitas, fut achevé par nos Mekaalia. On porta sa jeune et belle tête au général de Lamoricière, que cette vue attrista.

Je le rejoignis peu de temps après cette affaire, à Mascara, où l'agha Mustapha-ben-Ismaël était au même moment appelé en toute hâte avec le Maghzen, pour concourir à châtier les Sdamas. Cela fait, nous poussâmes dans le sud-est jusqu'à Taguin, théâtre depuis lors célèbre de la prise de la smala d'Abd-el-Kader par le duc d'Aumale.

Le colonel Géry fut chargé, pendant notre pointe, de couvrir la plaine d'Eghris et le général d'Arbouville continua ses opérations chez les Flitas. S'étant avancé sur le territoire des Beni-Ouragr, il eut un combat très sérieux en le quittant.

A Tlemcen, le général Bedeau menait habilement ses affaires ; il disposait de peu de monde pour tenir une position que le voisinage du Maroc pouvait compliquer d'un instant à l'autre, mais ses troupes étaient admirables et rivalisaient d'énergie, de bravoure et de patience, cette vertu propre au soldat d'Afrique.

L'installation du campement, des magasins, des hôpitaux de Tlemcen, avait été l'objet des soins du général. Pendant longtemps il n'y eut rien de plus complet dans la province d'Oran.

L'opération de Taguin fournit la preuve que nous pouvions nous avancer au loin sur les hauts plateaux.

La smala de l'émir, qui était devant nous, délogea toujours à temps pour n'être pas atteinte.

Après avoir visité les ksours de Chellala et de Ben-Hammade, nous rentrâmes dans le Tell, où des moyens de ravitaillement nous attendaient à Sidi-Djéla-ben-Omar, sur la Mina, poste-magasin dans une redoute en terre.

Le chef du bureau arabe de Mascara, le capitaine Charras, y avait fait réunir des approvisionnements au moyen de réquisitions de transports chez les Sdamas, les Hachem et les Beni-Chougran, pliés par lui à assurer, avec exactitude et obéissance, ce service important.

Après avoir pris des vivres, nous continuâmes à opérer dans le sud-est du Tell et de la province d'Oran.

Avant l'expédition de Taguin, nous étions entrés en relation avec les Harrars. Cette grande tribu, qui s'étend sur les hauts plateaux depuis le pays des Sdamas et Frendah jusqu'au Chott-Chergui, étant à court de grains, le général de Lamoricière lui offrit de lui livrer les silos des Flitas.

Ce pillage autorisé s'exécuta très bien et s'étendit même plus à l'est, chez les Oulad-Chérif.

Les Harrars s'apprêtaient à enlever sur leurs nombreux chameaux les grains de cette dernière tribu, lorsque Abd-el-Kader, informé, tomba sur eux près de Loha.

Nous débouchions au même instant sur ce point. Bien qu'il fût presque midi, le brouillard était si épais que les cavaliers d'Abd-el-Kader vinrent se heurter à nos avant-postes, pendant qu'on dressait le camp ; notre cavalerie n'eut qu'à se remettre en selle. Le soleil éclairant au même instant la contrée, les gens de l'émir et l'émir lui-même, pris en flagrant délit de formation, ne songèrent plus qu'à chercher leur salut dans la fuite : 220 chevaux et une partie de leurs cavaliers qu'on avait épargnés furent ramenés au camp.

Le secrétaire intime d'Abd-el-Kader, Ben-Abbo, qui était à la fois son fermier général et son trésorier, fut tué ; il avait sur lui le cachet et la montre de son maître. Il fut fait cadeau de celle-ci à l'agha Mustapha-ben-Ismaël.

L'agha Ben-Rabah, le même qui était venu avec

Ali-ben-Aoumeur à notre camp du Taghria, fut fait prisonnier; peu s'en fallut que l'émir n'eût le même sort.

Malgré cette activité extrême, les progrès étaient lents : chez les Flitas, la partie la plus considérable et la plus influente de la tribu, les marabouts et les Chourfa, continuait sa résistance opiniâtre ; les Beni-Ouragr se tenaient enfermés dans leurs montagnes élevées et dans leurs grottes.

Le gouverneur général descendit dans le Chélif jusqu'à Sidi-bel-Hassel, sur la Mina, à petite distance du confluent de ces deux grands cours d'eau.

Il ordonna de construire un pont à Bel-Hassel, en même temps qu'un poste-magasin susceptible d'être gardé par deux ou trois compagnies. Ce poste constituerait dorénavant un excellent point d'appui pour le kalifa Sidi-Laribi, dont le commandement, outre le voisinage de la plus mauvaise fraction des Flitas, s'étendait sur des tribus d'une fidélité très douteuse, notamment sur les Dahra. Bel-Hassel partageait la distance de Mostaganem au poste d'Ammi-Moussa.

Le gouverneur général venait précédemment d'opérer sur les versants est et nord de l'Ouanseris, avec une vigueur extrême; elle ne faisait défaut nulle part.

Les mois d'octobre, novembre et décembre furent employés en courses continuelles.

Au cours de son expédition du Chélif, au mois de mai précédent, le général en chef avait projeté de fonder dans cette vallée, au lieu dit El-Snam, marqué par des ruines romaines, un grand établissement militaire.

Sans cet établissement, qui devait communiquer à tra-
ver le Dahra avec un point choisi sur le littoral, il était
impossible que notre domination prévalût dans un espace aussi étendu que celui de Mostaganem à Milianah.

Il résolut donc de fonder une ville à El-Snam, sous
le nom d'Orléansville, et d'en créer une autre à Ténès,
où existait déjà un petit centre arabe d'origine très
ancienne.

Le poste de Bel-Hassel terminé, profitant pour
réaliser ses vues du retour vers Alger de la colonne
qu'il en avait amenée, le gouverneur général en confia
le commandement au général Changarnier.

Lui-même vint de Mostaganem à Ténès par mer.
Le temps, très mauvais, gêna ses projets; il noua
bien quelques relations avec les gens de Ténès, mais
le général Changarnier ne put l'appuyer ; à court de
vivres, celui-ci avait poussé jusqu'à Cherchell par les
sentiers dangereux qui courent le long de la côte.

Quant au général de Lamoricière, il était toujours
sur la haute Mina, se jetant tantôt sur une tribu,
tantôt sur une autre, les domptant successivement
et s'attachant à les reconstituer de la façon la plus
favorable à notre cause.

En protégeant avec deux compagnies le retour des
cavaliers du capitaine de Forton, dans une razzia chez
les Keraïch, je fus blessé gravement d'un coup de feu
à la poitrine.

Je venais d'être nommé chef d'escadron; le général
de Lamoricière m'honorait de beaucoup d'affection;
mon nom était connu de l'armée d'Afrique; le maré-

chal Soult, ministre de la guerre, m'avait fait témoigner son intérêt; ce fut le plus beau moment de ma jeunesse.

Pendant que nous guerroyions dans le sud-est de la province d'Oran, le colonel Géry, secondé par le capitaine Charras, maintenait autour de Mascara tous les avantages conquis. Ils se consolidaient de même à Mostaganem, où le général d'Arbouville, autorisé à rentrer en France, venait d'être remplacé par le général Gentil. Ce dernier continua au commandant Bosquet, successeur du capitaine Walsin dans les affaires arabes, une confiance justifiée par son mérite et par la suite des événements.

Walsin venait d'être placé à la tête d'un corps dit des Mekaalia, destiné à recevoir tous les cavaliers déserteurs de l'émir.

Ce corps n'eut naturellement qu'une courte existence; mais il amena le remarquable résultat de faire de son chef, capitaine d'artillerie, un chef d'escadrons de cavalerie; récompense d'ailleurs bien méritée.

En toutes choses, presque sans exception, de la valeur des hommes dépend le succès ou l'insuccès. L'Algérie fut, sous ce rapport, très heureusement partagée; aussi nos affaires avaient, en somme, bonne tournure de tous côtés et même dans la province de Constantine où la soumission était plus superficielle et où, de temps à autre, on se battait vigoureusement, la domination, le temps aidant, prenait racine.

Le général de Lamoricière avait fait remplacer, à Oran, le colonel Tempoure par le colonel Thiéry, du 6e de ligne. Il vint de Mascara à Oran, à la tête d'une petite colonne, en passant par le pays des Oulad-Seliman où régnait une agitation continuelle.

A Tlemcen, tout se maintenait dans la situation très satisfaisante, que le général Bedeau avait faite dès le principe même, à l'aide d'habiles concessions. Il espérait beaucoup de l'appréciation qu'à la longue, les Arabes feraient de notre justice et de la douceur de notre domination; il obtint de ce système tout ce qu'on pouvait en espérer, surtout dans le voisinage immédiat de la frontière d'un empire aussi turbulent qu'était et qu'est encore le Maroc.

Il faut ajouter cependant que la grande tribu des Beni-Amer, toujours soumise la première à toute époque, mais toujours aussi la première à manquer à ses engagements, recélait des germes hostiles qui n'étaient point ignorés et qu'il eût mieux valu peut-être écraser, que laisser se développer dans l'ombre.

Trois choses se firent à cette époque : 1° la province d'Oran fut divisée en quatre subdivisions ayant chacune un territoire défini (les chefs-lieux de ces subdivisions furent Oran, avec le général Thiéry; Mascara, avec le colonel Géry; Mostaganem, avec le général Gentil; Tlemcen, avec le général Bedeau); 2° une commission administrative fut créée dans chaque chef-lieu de subdivision; 3° à chaque chef-lieu fut attaché un bureau arabe.

Lorsque l'état de ma blessure, déjà ancienne de trente jours, me permit de me rendre à Oran, le général m'y envoya et me fit passer par les Beni-Chougran, les Beni-Raddo, les Medgeers et les Mehal, pour mettre fin à quelques querelles très graves entre ces tribus.

J'accomplis cette tournée avec l'agha Chedly des Beni-Chougran et une escorte de dix spahis ; c'était la première fois qu'un officier faisait, de la sorte, acte d'autorité chez des populations récemment soumises.

Je prononçai plusieurs amendes qui furent payées sur place. J'osai beaucoup; une hauteur et une sévérité voulues me réussirent au delà de ce que j'avais espéré d'abord, car j'avais trouvé les Medgeers à cheval, le fusil haut et jurant qu'ils feraient feu sur le premier qui franchirait les limites de leur territoire.

CHAPITRE XI

J'arrivais à Oran avec l'ordre de prendre la direction des affaires arabes de la subdivision et de centraliser la statistique et tous les documents relatifs à l'existence politique et matérielle des tribus de la province. Pour cet objet spécial, les chefs des bureaux arabes des trois autres subdivisions devaient se mettre en communication avec moi.

C'était, à Tlemcen, le commandant de Barral; à Mostaganem, le commandant Bosquet; à Mascara, le capitaine d'artillerie Charras.

En même temps, je fus appelé à faire partie d'une commission administrative créée au chef-lieu de la province.

Elle eut tout d'abord à s'occuper de l'examen d'un budget des recettes et des dépenses, de la fixation des limites d'un territoire civil qui ne dépassa guère le Figuier et Misserghin, de nombre de travaux, tels que le rétablissement du barrage du Sig, l'exploitation des salines d'Arzew, la conservation de la forêt de Muley-Ismaïl, etc.

Mes fonctions me mettaient chaque jour en rapport avec le général Mustapha-ben-Ismaël.

Plein d'intérêt pour l'œuvre entreprise, il m'offrit de me montrer les terres de l'ancien beylick, dont la conquête nous faisait héritiers. Elles avaient été usurpées par les tribus limitrophes et par certains chefs, à la faveur du désordre dans lequel le pays était plongé depuis plusieurs années, tant à cause des luttes intérieures qui avaient précédé l'élévation d'Abd-el-Kader, qu'en raison de l'affaiblissement du gouvernement turc au moment de son renversement.

Bientôt figurèrent, sur les sommiers du domaine, plus de 5,000 hectares de terre d'excellente qualité, en partie arrosables. Toutes les dispositions furent prises pour leur mise en culture par les familles mêmes des anciens fermiers partiaires, qui furent rappelés sur le sol, en attendant qu'il pût servir à constituer le berceau de la colonisation.

Le degré de pacification des trois autres subdivisions ne permit pas de se livrer aussi complètement à ces recherches importantes ; mais de la province d'Oran on peut dire que son existence politique et administrative date du commencement de 1843.

Dès cette époque, on voit tout se constituer sous l'inspiration féconde du général de Lamoricière.

Les bureaux arabes ont alors leur plus beau rôle. Placés sous l'autorité des généraux subdivisionnaires et des commandants supérieurs des circonscriptions secondaires, ils prennent une part principale dans la conduite des opérations ; étudient les populations au point de vue de leurs ressources, de leurs besoins et de leurs tendances ; leur garantissent le bienfait et la protection d'une scrupuleuse justice ; assurent une équitable répartition des charges publiques ; enfin, par leur connaissance de la langue et des mœurs arabes, ces bureaux deviennent pour le commandement une pépinière d'auxiliaires indispensables et destinés eux-mêmes à commander bientôt.

Dans cet ordre d'idées, je ne puis passer sous silence nos progrès topographiques ; la province était enfin connue dans ses trois divisions essentielles de Tell, de Petit-Désert et de Grand-Désert.

Le général de Lamoricière suivait ces progrès avec un intérêt constant et le Dépôt de la guerre venait d'en publier le résultat.

Nous étions passés de l'obscurité à la lumière et, bien que nous eussions à poursuivre une guerre pleine de cruelles nécessités, il nous était permis de nous livrer aux douces espérances d'une pacification définitive et pleine d'avenir.

Pendant que je remplissais à Oran le programme qu'il m'avait tracé, le général de Lamoricière fondait le poste de Tiaret, à trois ou quatre lieues à l'est des ruines de Tagdempt.

Abd-el-Kader avait fait jusque-là tous ses efforts pour empêcher les tribus de la haute Mina de venir à nous et il avait réussi tant qu'avait pesé sur nous la nécessité d'aller chercher des vivres à Mascara, ou tout au moins à Sidi-Djélali-ben-Omar : la création de Tiaret changea rapidement cet état de choses.

Pendant ce temps, le général Gentil continuait, avec Mostaganem et Bel-Hassel comme bases, à agir contre les Flitas.

Soutenue par la présence de l'agha Ben-Abd-Allah et par une force régulière assez considérable, cette tribu des Flitas nous résistait avec une persévérance infatigable. L'affaire du marabout de Sidi-Rached fut une des phases de cette lutte.

Deux escadrons de chasseurs s'étant trop aventurés furent cernés autour de ce sanctuaire qui leur servit heureusement de point d'appui. Quand on arriva pour les dégager, les cartouches allaient leur manquer et, à l'exception du capitaine Favas qui commandait, tous les officiers étaient blessés. Les pertes de la troupe furent énormes; les cavaliers s'étaient servis des chevaux tués comme de rempart.

Autour d'Orléansville et de Ténès, le colonel Cavaignac frappait sur le Dahra des coups redoublés, tandis que le gouverneur général pénétrait au milieu du rude pays des Beni-Ouragr.

A Mascara, avec des forces réduites, le colonel Géry menait ses affaires avec une ardente activité et beaucoup de succès.

Bientôt, pour surveiller le sud de cette subdivision, on reconnut la nécessité de fonder, dans le voisinage du fort ruiné de Saïda, un poste-magasin qui prit le même nom.

Dans les plaines de la Mekerra, le général Bedeau établissait le poste de Sidi-bel-Abbès, pour maintenir les Beni-Amer et arrêter les incursions des Beni-Matar, des Oulad-Balagr dissidents et des Djafras.

Abd-el-Kader avait envoyé chez ceux-ci, pour les entretenir dans l'insoumission, un de ses kalifas ; le général Bedeau réussit à le faire prisonnier par un coup de main brillant. De son côté, l'émir cherchait à empêcher le général de Lamoricière d'établir le poste de Tiaret et, tournant dans ce but le colonel Géry, qui par sa marche sur l'Oued-el-Abd avait laissé Mascara et la plaine d'Eghris à découvert, il pénétrait au cœur du pays des Hachem-Garabas.

A cette nouvelle, le gouverneur général prescrivit au général Thiéry de renforcer Mascara de quelques détachements disponibles à Oran, ainsi que du 9e bataillon de chasseurs à pied, qui arrivait de France.

J'eus le commandement de cette colonne grossie de douze cents cavaliers de Maghzen, qui, sous les ordres de l'agha Mustapha, allaient rallier le général de Lamoricière.

La route faite sans incidents, je revins à Oran, grande

témérité, avec quelques soldats du train montés sur des mulets.

Quelques jours auparavant, le général Bedeau avait demandé que je le rejoignisse chez les Djafras et m'avait dépêché comme guides deux cavaliers Beni-Amer; l'agha Mustapha avait déconseillé mon départ, disant qu'à coup sûr je serais tué en route.

La situation se gâtait donc sérieusement et au point que, sous les feux mêmes du poste de Tiaret, les Harrars, nos alliés, n'ayant pu être appuyés à temps, avaient subi une razzia considérable.

Ces graves événements, conséquence de l'audacieuse manœuvre de l'émir, n'entraînèrent pas le général de Lamoricière à se rabattre sur Mascara, comme l'espérait son adversaire.

Après avoir été rejoint par l'agha Mustapha, il prit tout au contraire en avant de Tiaret une sorte d'offensive, en s'avançant sur les hauts plateaux jusqu'à Ouseugr-ou-Ragaïe, où la smala d'Abd-el-Kader lui était signalée.

Celle-ci, pour l'éviter, s'étant rejetée sur Taguin, y fut atteinte par le duc d'Aumale; succès considérable et justement célèbre, dû tout entier au sang-froid, à la décision et à l'audace du prince.

En rejoignant le Tell, le général de Lamoricière tomba à son tour sur les Hachem émigrés, qui venaient d'échapper au désastre de la smala. Le Maghzen fit sur eux un butin immense.

Comme ses chevaux avaient souffert de leur séjour sur les hauts plateaux, que les moissons étaient mûres autour d'Oran, qu'enfin il était sage de ne pas dégarnir les plaines basses de la protection de cette cavalerie (car nous n'avions plus un soldat dans les places de la côte), l'agha Mustapha fut autorisé à retourner à Oran, sous la condition expresse de passer par la route de la Mina, qui offrait le moins de dangers pour une troupe à cheval.

Il se déroba à cette sage injonction.

Il avait épousé depuis peu une jeune et belle Algérienne qu'il aimait ardemment et pour hâter son arrivée à Oran, l'agha coupa au court par le pays des Flitas.

Après avoir eu le matin, sur les plateaux de Mendès, un avantage sur des cavaliers du pays, il se vit l'après-midi attaquer à l'improviste, dans les parages boisés d'Aïn-Sidi-Harrat, par des gens à pied. C'était au passage d'un défilé : ses cavaliers, rendus confiants par le succès du matin et fatigués d'une route prolongée, marchaient sans ordre ; la plupart avaient leurs armes sur les mulets de bagage.

Encombré par ces animaux, l'étroit sentier qu'il fallait suivre ne permit pas à l'agha, resté à l'arrière-garde, de réunir son monde ; il combattit héroïquement le fusil à la main, n'ayant à ses côtés que quelques chefs, jusqu'au moment où, frappé d'une balle à la poitrine, il tomba à terre après s'être tenu en selle encore quelques instants. Il vécut assez pour se voir, à ce moment suprême, abandonné par le Maghzen en fuite.

Frappé d'une terreur panique, celui-ci laissait aux mains de l'ennemi son vieux et noble chef, un drapeau, des prisonniers, des chevaux nombreux et tout le butin de la campagne. Il arriva à Oran dans un état difficile à décrire ; ceux de ses cavaliers qui y entrèrent les premiers avaient parcouru cinquante-six lieues en vingt heures. Le chaouch de l'agha ramenait son cheval, la crinière teinte du sang de son maître.

Les neveux de Mustapha obtinrent à prix d'argent le corps de l'illustre guerrier, mais la tête et la main droite en étaient détachées. Ce triste trophée avait été porté à Abd-el-Kader, qui l'accueillit, dit-on, avec les expressions du regret qu'une pareille vie n'eût pas été consacrée à la défense de l'Islam.

La honteuse conduite du Maghzen remplit le général de Lamoricière d'indignation ; il lui fit dire qu'il ne méritait comme enseigne qu'un lambeau du vêtement teint du sang de son agha ; il lui ordonna de le rejoindre et de venir sous ses yeux laver son déshonneur chez les Flitas eux-mêmes.

El-Mezari, qui n'avait pas assisté au désastre, conduisit le Maghzen, qui dut faire la route sans transports, sans tentes, sans drapeaux.

Je reçus l'ordre de marcher avec El-Mezari et d'en profiter, pour conduire d'Oran à Mascara un grand convoi de poudre et de matériel d'artillerie. C'était le premier convoi de voitures direct entre ces deux villes.

Le Maghzen, atterré de sa juste, mais cuisante humiliation, rallia sur le Menafsa le général, qui l'accueillit fort durement.

Le général avait déjà fouillé avec la colonne de Mostaganem le pays des Chourfa dont la population s'était cachée dans les nombreuses cavernes des gorges du Melaab ; les hommes en sortaient et y rentraient continuellement, selon qu'il y avait pour eux opportunité à attaquer ou à y trouver un refuge.

L'enlèvement de ces cavernes eût nécessité une attaque régulière ; le succès d'un blocus à distance eût été très long à obtenir, ces retraites, bien approvisionnées de vivres, étant pour la plupart pourvues d'eau : restait l'emploi du feu ; on n'y recourut pas.

A huit ou dix jours de là, nous surprîmes, au nord de Loha, sur le haut Riou, la tribu des Beni-Meslem abandonnant son territoire et gagnant les hauts plateaux. Renommée par sa vaillance, elle avait ses cavaliers à l'arrière-garde : les nôtres se mirent aussitôt sur les traces de cette émigration.

Le Maghzen, qui avait à se réhabiliter, prit la tête de la poursuite ; je le guidais.

Le goum des Beni-Meslem s'était arrêté.

Au premier choc, quinze à vingt des leurs et des nôtres et autant de chevaux roulaient dans la poussière et la mêlée s'engageait. Les spahis du capitaine Cassaignolles et les chasseurs arrivèrent juste à temps pour la faire tourner à notre avantage et pour contenir la cavalerie régulière, qui nous menaçait de flanc. Enfin, le colonel Roguet déboucha avec l'infanterie, au moment où un bataillon de réguliers allait entrer en action.

Nous n'avions pu entamer le convoi des Beni-Meslem et l'on parvint à peine à réunir quelques bestiaux abandonnés ; toutefois, le Maghzen s'était bien conduit et montré digne de son chef El-Mezari, dont l'habileté et la bravoure brillèrent plus encore que de coutume.

Nous couchâmes sur le terrain de l'affaire.

La nuit suivante, un Arabe se présenta aux avant-postes et me fut amené. Il me dit qu'il était de ces gens que nous avions attaqués dans la journée. Je ne poussai pas plus loin mes questions et ne crus pas à propos de réveiller le général pour ce simple fait; mais le matin à la pointe du jour, je lui en rendis compte.

Il voulut voir l'homme et il en apprit qu'une très forte émigration autre que celle de la veille défilait à deux lieues de nous. On prit aussitôt les armes, on leva le camp et l'on partit dans la direction indiquée.

Il était trop tard; j'en reçus des reproches mérités.

Après une courte marche dans l'est, le général se décida à camper.

Nous étions arrivés aux sources supérieures de l'Oued-Riou; bientôt, nous nous rapprochâmes de Tiaret pour nous ravitailler.

La division s'arrêta au-dessous du col de Torrich, d'où le chef d'état-major, le lieutenant-colonel de Crény, fut envoyé à Tiaret avec tous les transports, pour en ramener les vivres dont nous avions besoin.

Il revenait par les hauts plateaux, lorsqu'une cavalerie assez nombreuse menaça son convoi qui n'avait qu'une faible escorte.

Le général, prévenu de ce qui se passait, fit aussitôt monter à cheval et, au bout d'une course de deux heures, on prit environ cent cinquante chevaux, la plupart épuisés et très maigres.

C'était un parti de Flitas, émigrés sur les hauts plateaux, qui poussait une reconnaissance sur Tiaret, sans se douter de l'existence de notre camp sous l'escarpement du col de Torrich.

Après cette série d'opérations, le général ne tarda pas à rentrer lui-même à Tiaret, d'où il envoya le colonel de Crény chercher un convoi à Sidi-Djelali-ben-Aoumeur. Il me fut prescrit de profiter de cette occasion pour reconduire, par Mascara à Oran où il devait s'embarquer pour la France, un aide de camp du ministre de la guerre, le chef d'escadron d'état-major Foltz, qui venait de suivre la dernière campagne.

Le capitaine d'état-major d'Illiers, aide de camp du général de Lamoricière, le quittait aussi pour faire partie à Tunis d'une commission chargée d'acheter des étalons, destinés au haras fondé récemment à Mostaganem.

A Sidi-Djelali-ben-Aoumeur, je ne trouvai pour constituer mon escorte que six chasseurs d'Afrique avec autant de chevaux blessés; c'était une bien faible ressource. Enfin, en comptant les ordonnances et les hommes du train, j'arrivai, officiers compris, au chiffre de dix-huit personnes.

Le caïd Djelloul, des Oulad-Bilaya, devait nous fournir des guides ; il s'en abstint. Cela fut heureux peut-être.

De Sidi-Djelali-ben-Aoumeur à Mascara, il y a dix-huit lieues. Partis vers une heure de l'après-midi, nous ne tardâmes pas à nous apercevoir que le pays entrait en pleine insurrection.

Le plus grand danger était la nuit.

A cinq heures du soir, je fis halte sur l'Oued-Med-jaref pour faire manger les hommes et les chevaux. Je repris la route au coucher du soleil sans témoigner de défiance; mais aussitôt que l'obscurité fut devenue complète, je me jetai brusquement à travers champs et allai à quelque distance installer ma petite troupe sans bruit, sans feu, dans un ravin, pour y attendre l'aurore. Les chevaux restèrent sellés et bridés, les bagages prêts à être chargés; tout le monde veilla. D'ailleurs, nous entendions tout autour de nous des coups de feu qui ne nous laissaient aucun doute sur l'agitation générale et sur ce qui nous eût attendus si nous eussions voulu suivre la route. Nous sûmes plus tard que des cantiniers qui s'étaient entêtés à nous précéder avaient été massacrés.

A la pointe du jour nous reprîmes notre marche; la plaine d'Eghris était déserte et rien n'était moins rassurant.

Par un bonheur inespéré autant presque qu'immé-rité, nous atteignîmes Mascara sans incident, alors que le colonel de Crény et le général de Lamoricière nous estimaient perdus.

Le lendemain, Mascara était réveillé par la fusil-lade. Je montai à la hâte un grand cheval gris, plein d'énergie et de vitesse qui, depuis un an, m'avait plus d'une fois tiré d'embarras.

L'ennemi attaquait l'Argoub et la porte Bab-Ali. J'y courus : la générale battait. La garnison comptait 250 hommes d'infanterie, qu'on pouvait faire suivre d'une pièce de montagne (elle fut attelée, mais, par un malentendu, ne marcha pas) ; 20 spahis, dont le service ordinaire consistait dans la garde du troupeau ; une brigade à cheval de gendarmerie ; 15 chasseurs d'Afrique récemment sortis de l'hôpital et qui dans leur généreuse ardeur n'hésitèrent pas, détail bizarre, à monter des chevaux de l'infirmerie ; enfin, quelques officiers de passage ou détachés à Mascara pour des emplois spéciaux. Les Arabes de l'agha Ben-Mésabeth, ceux du kalifa et du caïd de la ville fournissaient en outre 40 à 50 cavaliers.

Abd-el-Kader s'était jeté avec un millier de chevaux jusque sous les murs du faubourg de l'Argoub, où campaient, avec l'agha Ben-Mésabeth, cinq ou six douars des Hachem Garabas, restés fidèles après la défection de la tribu, au mois d'avril.

Le chef de bataillon Bastouil qui commandait la place, ayant eu d'abord à s'occuper de la sûreté de la ville, voulut bien, quand il arriva sur le terrain de l'action, approuver toutes les mesures prises en vue d'attaquer l'ennemi. Notre mouvement en avant se fit avec résolution.

Après une tiraillerie qui ne fut vive qu'un instant, Abd-el-Kader battit en retraite ; nous le suivîmes jusqu'à hauteur du Kert, village ruiné, à une lieue de Mascara.

Là se trouve une fontaine : quelques cavaliers y faisaient boire leurs chevaux. Il me sembla qu'on pouvait les couper de leurs compagnons qui se retiraient, et je demandai au commandant Bastouil de le tenter. Il y consentit. Je partis au galop avec les quinze cavaliers convalescents du 2ᵉ chasseurs d'Afrique, trois officiers de ce régiment et cinq gendarmes; les spahis avaient ordre de m'appuyer.

Les gendarmes, bien montés, prirent à droite et joignirent deux cavaliers; j'en atteignis un autre dont je tuai le cheval d'un coup de pistolet.

Nous étions ainsi parvenus à un large ravin, d'un passage extrêmement difficile.

L'arrière-garde d'Abd-el-Kader, qui venait à peine de le traverser, s'apercevant de notre petit nombre, revint sur ses pas. Je déployai mes quelques chasseurs sur une seule ligne encadrée par leurs officiers et nous essuyâmes le feu de l'ennemi en réservant le nôtre.

Un maréchal des logis, un chasseur et un gendarme avaient malheureusement dépassé le ravin; le gendarme fut sauvé par le dévouement de son brigadier, les deux autres périrent.

La situation était délicate; enfin, les spahis arrivant à leur tour formèrent un deuxième échelon et nous pûmes ainsi nous replier sur l'infanterie, que les cavaliers du kalifa, du caïd de la ville et de Chedly venaient de rejoindre.

Nous avions pu relever les cadavres décapités du maréchal des logis et du chasseur; leur perte m'affecta profondément et c'est toujours avec tristesse que mes souvenirs se reportent à l'entraînement auquel je cédai en cette matinée.

Cependant, cette vigoureuse sortie de la petite garnison de Mascara avait grandement exalté le moral de la troupe et des habitants. Une alerte ayant eu lieu le lendemain, la garde nationale courut aux remparts avec beaucoup d'élan.

Trois jours après, je pris, avec le commandant Foltz, le chemin d'Oran par les Beni-Chougran, l'Habra et le Sig. Le pays était abandonné, nos guides hésitaient; il fallut les menacer du pistolet pour les faire marcher.

Au Sig, je trouvai un détachement de 150 cavaliers du maghzen d'Oran, qui devaient aller à Mascara et n'osaient le faire. J'en profitai comme escorte et pour montrer au commandant Foltz les ruines d'un barrage turc, qui permettait de déverser les eaux du Sig sur ses deux rives. Cette visite eut une réelle influence sur la reconstruction de ce magnifique et utile ouvrage.

A son retour à Paris, le commandant Foltz en entretint le maréchal Soult, alors ministre de la guerre, qui accorda des fonds pour les premières études.

J'arrivai à Oran, porteur d'un congé pour Bourbonne-les-Bains dont les eaux m'étaient nécessaires.

En quittant le général Thiéry, je lui fis part de l'inquiétude que me causait la position très aventurée d'un petit bataillon occupé à construire un pont sur l'Oued-el-Hammam que traverse la route de Mascara et dont le bivouac n'était couvert par aucun obstacle défensif.

Le général accueillit avec bienveillance cette communication et donna en conséquence des ordres immédiats. Une attaque eut lieu deux jours après.

Le chef de bataillon Leblond, qui commandait, fut

tué; mais sa troupe, embusquée derrière les obstacles qu'elle avait créés depuis la veille, résista aux forces considérables qu'Abd-el-Kader avait amenées. Celles-ci se retirèrent avec des pertes sérieuses et abandonnèrent même sur la place de nombreux cadavres.

Ce qui précède donne une idée exacte de ce qu'était encore à cette époque la pacification de la province d'Oran, malgré tant d'efforts et, il faut l'ajouter, malgré tant de progrès accomplis.

Le 13 août 1843, le gouverneur général recevait pour prix de ses services le bâton de maréchal de France.

Ce fut un transport de joie dans l'armée d'Afrique.

CHAPITRE XII

A mon passage à Paris, je fus reçu par le ministre de la guerre. Le maréchal Soult m'interrogea longuement sur la province d'Oran, et particulièrement sur la question de l'établissement de plusieurs postes-magasins, destinés à compléter l'échiquier avancé de ces bases secondaires d'approvisionnement, qui furent la clef de la conquête et, plus tard, servirent de centres de commandement et d'administration.

J'avais souvent entendu le général de Lamoricière traiter cet important sujet; cela me porta bonheur.

Le maréchal Soult voulut bien s'intéresser à l'exposé que je lui en fis et, depuis, je reçus plusieurs témoignages de sa haute bienveillance.

Après avoir mis au courant les cartes du ministre, j'obtins du général Pelet, directeur du Dépôt de la guerre, qu'il fît lithographier la carte dite politique et administrative de la province d'Oran au 1/800,000^e, dont l'objet principal était de faire complètement saisir la division naturelle de cette province et, par là, de calculer l'extension que notre domination devait prendre un jour vers le sud. Le système complet des villes et des postes fondés ou à fonder dès lors, dans le Tell et à sa limite, était représenté sur la même carte.

J'eus pour collaborateur dans l'établissement de cette carte mon excellent camarade de l'état-major du général de Lamoricière, le capitaine d'état-major de La Guiche, officier de beaucoup d'avenir, que des intérêts de famille déterminèrent à quitter le service : c'est à Bourbonne que nous travaillâmes ensemble.

Pendant mon séjour à ces eaux, je profitai également de mes loisirs pour dresser, d'après l'ouvrage du capitaine Walsin Esterhazy sur la domination turque, une autre carte qui représentait les anciennes divisions politiques et administratives de la province d'Oran, à cette époque.

Nous avions déjà ce document pour le temps plus rapproché du gouvernement d'Abd-el-Kader et pour le nôtre; de leur comparaison résultaient d'utiles enseignements.

Cependant le colonel Géry, avait, dans le sud de la

subdivision de Mascara, des affaires brillantes ; deux fois il surprit le camp d'Abd-el-Kader, qui ne s'échappa qu'avec peine en abandonnant une partie de ses bagages et même sa tente.

Dans les mêmes parages, la cavalerie de la colonne du général de Lamoricière conduite par le bouillant colonel Morris, s'étant un jour jetée en avant avec trop de confiance, elle se heurta en détail à des forces régulières bien supérieures en nombre ; plusieurs chasseurs tombèrent au pouvoir de l'ennemi, entre autres le trompette Escoffier, qui se sacrifia en donnant son cheval à son capitaine démonté, M. de Cotte, et obtint ainsi une juste célébrité.

La fondation du poste temporaire d'Ouizert, suivie de celle du poste-magasin de Saïda, détermina enfin la pacification de cette partie des Djafras.

En traversant Paris pour retourner en Algérie, j'allai prendre les ordres du maréchal Soult. Il me reçut avec bonté, me demanda si je partais content et comme je lui exprimais qu'il n'en pouvait être autrement, quand on appartenait à l'état-major du général de Lamoricière : « Vous avez raison, me dit le maréchal, le général de Lamoricière écrit, en Algérie, les plus belles pages de sa vie. »

Mes dernières heures à Paris furent très remplies.

La direction des affaires de l'Algérie au ministère de la guerre avait fait un projet d'organisation des bureaux arabes, d'après lequel la direction arabe d'Alger, placée près du gouverneur général, devait correspondre directement avec les bureaux des divisions, des subdivisions et des cercles, recevoir leurs rapports et leur donner des instructions. Dans ces conditions, le commandement n'avait plus à se mêler ni de la politique des tribus ni de leurs intérêts; il n'était plus que le bras, le bureau arabe étant la tête.

Dans l'état-major du ministre, le projet plaisait davantage à ceux-ci, moins à ceux-là; bref, il allait être présenté à la signature du ministre, lorsque le commandant Foltz, chez lequel j'étais descendu, me proposa d'en prendre connaissance.

L'intendant Vauchelle, directeur des affaires de l'Algérie, me le confia avec la recommandation de le lui rendre le lendemain avant midi, heure à laquelle il devait le mettre sous les yeux du ministre.

Je passai la nuit et la matinée à faire un rapport où je signalais les vices du futur arrêté et je ne pus arriver chez M. Vauchelle qu'à une heure de l'après-midi : il était fort mécontent de mon retard.

Après s'être un peu calmé, il voulut entendre la lecture de mes observations.

Aux premières lignes, il se mit à bondir et ne me laissa pas continuer; je n'avais donc plus rien à faire à Paris et le soir même j'étais en route pour Marseille.

A quelque temps de là, parut l'arrêté d'organisation des bureaux arabes. Bien loin de consacrer l'indépendance des chefs de ces bureaux, je constatai avec satisfaction qu'il précisait en trois endroits que ces officiers ne peuvent en aucun cas correspondre que sous la signature du commandant supérieur dont ils dépendent; or c'était le principe même de mon rapport.

Pendant mon absence, le commandant Walsin m'avait remplacé au bureau arabe d'Oran. Le général de Lamoricière me laissa libre de lui céder ce poste ou de le conserver. Je le cédai.

Le 11 novembre de cette année avait eu lieu l'affaire de l'Oued-Malah.

Le colonel Tempoure, mis en mouvement par le général de Lamoricière, son service de guides et de renseignements assuré par le capitaine Charras, venait de détruire, près du marabout précité, l'infanterie régulière, que le kalifa Sidi-Embareck conduisait dans l'ouest à Abd-el-Kader. Quatre jours et quatre nuits de marches consécutives, effort extraordinaire, avaient amené ce résultat.

La tête de Sidi-Embareck, frappé de la main du capitaine Cassaignolles officier de cavalerie des plus distingués, fut envoyée à Oran, dans un sac de cuir, au général de Lamoricière.

Le général reconnut avec émotion les traits d'un homme avec lequel il avait eu à Coléah, pendant la paix, des relations fréquentes et qui tenait parmi nos ennemis une place très élevée par sa naissance, ses talents et son courage. Jadis, l'émir avait voulu se servir de Sidi-Embareck pour offrir au général de Lamoricière une haute position auprès du sultan, démarche singulière, qui témoigne du moins du cas que faisait l'émir du jeune colonel des zouaves d'alors.

Sa Daïrah enlevée, Sidi-Embareck mort, son infanterie détruite, la situation d'Abd-el-Kader devenait très précaire.

Il commença par reconstituer la Daïrah, après quoi il s'établit, non loin d'Oudjda, dans Missiouine, belle vallée qui fait communiquer le Tell avec les hauts plateaux par un col très abaissé.

De là, l'émir, dans sa détresse, cherchait à se concilier l'intérêt du gouvernement du Maroc, pressentant sans doute que le règlement de la frontière entre cet empire et l'Algérie ne tarderait pas à faire naître des difficultés qui se dénoueraient par la force des armes. Peut-être y trouverait-il une occasion de rétablir ses propres affaires, sous couleur d'aider l'empereur à faire les siennes.

Dans cette même prévision d'une campagne aux confins du Maroc, le général de Lamoricière m'envoya à Tlemcen, au commencement de l'hiver, auprès du général Bedeau.

Je devais étudier le pays et la frontière, faire connaissance avec les hommes principaux, compléter les cartes et la statistique, en un mot, me préparer à renseigner sur l'ouest le commandant de la province, si, au printemps, il avait à opérer de ce côté.

Le général Bedeau me logea chez lui, me donna place à sa table et voulut bien m'emmener avec lui dans toutes ses courses ; je partageais alors sa tente. Je n'évitai pas d'accepter ces procédés si bienveillants, tant il y avait à apprendre au contact d'un tel chef.

L'hiver allait se passer tout en opérations.

La première eut pour but la reconnaissance de la ruine romaine voisine du marabout de Lalla-Magrnia, sur l'emplacement de laquelle fut plus tard bâti le poste français du même nom. Sa fondation malgré les représentations du Maroc, fut la cause ou, tout au moins plus tard, le prétexte de la guerre qui éclata.

Nous revînmes par le Keff de Magrnia à Tlemcen, où le général Bugeaud venait d'arriver avec le général de Lamoricière, afin de constater l'état politique de la subdivision et de la frontière et d'en tirer présage pour l'avenir.

Un soir chez le général Bedeau, je me laissai entraîner à prendre part à la conversation, sous l'impression où j'étais alors que nos mouvements sur cette belliqueuse frontière, avec des colonnes trop légères, se payeraient chèrement un jour ou l'autre. Ce pressentiment ne se vérifia que trop à peu de mois de là, mais mon expression contraria le maréchal, qui me le fit sentir en quelques paroles.

Au bout de trois jours il regagna Alger et le général Bedeau reprit le cours de ses mouvements ; ils nous portèrent des hauts plateaux sur l'Isser, puis dans la vallée des Beni-Snoras, où nous eûmes une petite affaire.

Pendant l'hiver, je reçus du général plusieurs missions, celle entre autres d'ouvrir avec deux bataillons, deux pièces de canon, un escadron de chasseurs et une compagnie du génie, une route carrossable de Tlemcen à Magrnia. J'en fis exécuter douze kilomètres.

J'eus encore un autre petit commandement dans une razzia sur les Oulassas.

Un parti de fantassins qui s'était retiré sur un grand rocher escarpé, adossé à la mer, tenait depuis plusieurs heures le Maghzen de Tlemcen en échec. Attiré par la fusillade, j'enlevai cette position avec deux escadrons de chasseurs d'Afrique, auxquels je fis mettre pied à terre. Quelques-uns des défenseurs furent tués, la plupart s'échappèrent en gagnant une grotte pratiquée dans l'escarpement du rivage. Pour la forcer il fallait d'abord en reconnaître l'accès.

Un carabinier du 3e léger, nommé Discours, n'hésita pas à se jeter à la mer pour faire cette reconnaissance que le capitaine de Mirandol avait bravement, mais inutilement tentée, en se glissant dans les anfractuosités du rocher, sous le fusil des Kabyles. Tantôt nageant, tantôt plongeant, Discours acheva avec bonheur sa périlleuse mission, au milieu des balles qui troublaient la surface de l'eau tout autour de lui.

Quand il vint me rendre compte de ce qu'il avait vu, il paraissait ne pas soupçonner le mérite de son action : sur mon rapport, il obtint la croix.

La grotte était inaccessible par terre et nous n'avions pas de barques.

Je renonçai à l'attaque pour ne pas faire de sacrifices qui n'eussent rien produit; le général Bedeau m'approuva.

Le lendemain, nous allâmes du Fid-el-Atach à Tlemcen, en une seule marche. Les Beni-Amer étaient toujours dans une effervescence extrême, que l'ex-agha des Beni-Amer-Cheragas, Ralem-ben-Fériha, retenu à Tlemcen par le général Bedeau, était soupçonné d'entretenir de concert avec l'agha des Beni-Amer-Garabas, Cada-ben-Moctar, des Oulad-Zeir.

On savait qu'Abd-el-Kader avait envoyé son propre chapelet à celui-ci, qui n'obtempérait plus aux ordres venus de Tlemcen ; on l'accusait même de méditer l'assassinat du commandant de Barral, qui commandait à Sidi-bel-Abbès.

Le général Bedeau me donna le 8ᵉ bataillon de chasseurs à pied et deux escadrons, avec huit jours de vivres et j'eus l'ordre secret de m'emparer de Cada-ben-Moctar.

Un jeune caïd fort ambitieux connut seul ce dont il s'agissait.

Je laissai entrevoir à tout le monde que l'objectif de l'expédition était de mettre un terme aux incursions de quelques bandes du Sud, qui s'étaient en effet mon-trées dans les environs de Sidi-bel-Abbès et y avaient capturé quelque bétail ; j'affectai donc d'être très préoccupé des passages qu'il importait de bien garder contre ces maraudeurs.

Cependant, la curiosité, le désir de se montrer, si naturel aux Arabes, m'amenèrent bientôt quelques chefs des Beni-Amer ; je les accueillis bien, causant volontiers avec eux sans jamais aborder la question politique.

Cette réception faite aux premiers arrivants en dé-cida d'autres, qui, me sachant honoré de la confiance du général de Lamoricière, tinrent à me faire une visite, dont, à l'occasion, ils pourraient se recommander comme d'un mérite.

Sept jours s'étaient écoulés depuis mon départ de Tlemcen, c'est-à-dire que le lendemain il y avait nécessité absolue de m'en rapprocher pour reprendre des vivres, lorsque l'agha Cada-ben-Moctar, suivant l'exemple général, parut.

« Je ne vous ai pas appelé, lui dis-je à son entrée dans ma tente, j'ai l'ordre de vous arrêter partout où je vous trouverai. »

Ma tente était déjà cernée.

L'agha ne m'adressa ni une observation ni un reproche et ne prononça que ce mot « *Mektoub* » (C'était écrit) !

Sa figure, devenue d'abord très pâle, reprit bientôt sa coloration ordinaire : j'étais plus ému que lui du piège tendu et, l'avouerai-je, du succès.

Le jour même, avec mon prisonnier bien escorté, je gagnai l'Isser et le 'lendemain avant-midi j'entrais dans Tlemcen, sans que les Beni-Amer eussent eu le temps de prendre un parti pour tenter la délivrance de leur agha. Il fut déporté en France et rendu à la liberté, après qu'Abd-el-Kader eut disparu de la scène.

La fondation de Sebdou date de cet hiver 1844.

Je fus envoyé avec un bataillon du 15ᵉ léger pour reconnaître la direction à donner à la route qui mettrait ce poste en communication avec Tlemcen. Le capitaine Gaubert, chef du génie de la subdivision, faisait partie de cette reconnaissance.

Nous arrivâmes à une mauvaise conclusion, en indiquant un tracé passant par le marabout de Lalla-Setti. On dut plus tard, au prix de nouveaux travaux, ouvrir la voie par Mansourah.

L'occupation de Sebdou ne présenta rien de particulier et ne fut pas contestée ; le capitaine de Lourmel fut chargé d'organiser la nouvelle place.

Pendant cet hiver, si activement employé, j'avais pu recueillir les éléments nécessaires pour compléter la topographie de la subdivision de Tlemcen et de nombreuses données sur la frontière du Maroc et sur les tribus de cet empire, limitrophes de l'Algérie.

Pour mettre en ordre ces documents, je revins passer quelques jours à Oran où je dressai une carte de la frontière du Maroc, qui fut lithographiée pour les Chambres à leur session suivante.

De Tlemcen à Oran, j'eus pour escorte un détachement de 150 hommes libérés, qui, en bon ordre, avec armes et bagages, franchirent en deux jours et demi les trente-quatre lieues qui séparent les deux villes. Parti de Tlemcen à trois heures du matin le mardi, le détachement entrait à Oran le jeudi à midi, sans punitions, sans avoir laissé un homme en arrière, sans un malade sur les cacolets.

Je cite volontiers cette preuve de la vigueur de nos braves soldats d'alors, si aguerris, si exercés et si disciplinés.

En retournant à Tlemcen, je pris la fièvre au bivouac d'Aïn-Bridia ; j'étais à peine convalescent lorsque le général de Lamoricière nous arriva.

Le poste de Magrnia allait décidément être fondé : déjà des troupes étaient campées sur l'Oued-bou-Mesaoud avec le colonel Roguet. Je reçus l'ordre de me mettre immédiatement à la disposition du colonel.

Mon état de faiblesse était extrême ; il faisait une

température très froide ; plusieurs nuits furent pluvieuses, mes trois chevaux étaient malades ; enfin, mon domestique subissait aussi l'influence des miasmes fiévreux de Bridia ; j'eus là quelques très mauvais jours à passer.

C'est ce qui trempe l'homme de guerre : il faut savoir souffrir sans se décourager.

CHAPITRE XIII

Le 1er mai, jour de la fête du roi, des salves d'artillerie, tirées sur la ruine romaine voisine du marabout de Lalla-Magrnia, annoncèrent au loin la fondation du fort qui allait se dresser en face d'Oudjda, à trois lieues de la frontière du Maroc.

L'heure était venue où notre domination en Algérie, déjà reconnue à l'est par le bey de Tunis, devait l'être, à l'ouest, par le sultan du Garb.

Ici, le but était moins facile à atteindre ; une lutte sérieuse était inévitable et les musulmans de l'Algérie, attentifs à des événements qu'ils pressentaient décisifs, semblèrent suspendre leurs projets incessants de révolte, pour attendre l'issue des événements.

Une circonstance des plus heureuses nous servait en cet instant : le Maroc n'acceptait pas les services d'Abd-el-Kader, soit que celui-ci portât quelque ombrage à l'empereur, soit, plus probablement, que l'empereur dédaignât les offres d'un marabout arabe chassé de son pays par le chrétien.

Tandis que Magrnia s'élevait, de gros contingents ennemis arrivaient à Oudjda.

Nous entendions chaque matin, très clairement, le bruit des exercices à feu aux environs de cette ville, et nous distinguions à la lunette les tentes nombreuses qui l'entouraient. Bientôt des détails positifs nous furent donnés par le caïd Bel-Hadj des Oulad-Riah, que le général Bedeau avait aimé beaucoup et auquel il avait inspiré un attachement qui le ramenait à nous.

Bel-Hadj nous avait en effet quittés avec une partie de sa tribu, dans un mouvement d'humeur contre notre sultan Ben-Abd-Allah.

Il nous revint sur ces entrefaites et j'allai jusqu'à Bettim avec un bataillon, deux escadrons et deux pièces de canon, au-devant de l'émigration qu'il ramenait.

Il nous apprit que, dans le Maroc, tout était à la guerre et qu'elle y était prêchée publiquement.

Une correspondance ne tarda pas à s'engager entre

le caïd d'Oudjda et le général de Lamoricière, dans laquelle la continuation des travaux de Magrnia fut posée par le caïd comme un cas de guerre. Le général, aussi ferme que habile, renvoyait toujours la solution des questions de cette nature à la décision des souverains des deux empires.

Le temps s'écoulant ainsi en pourparlers, le général Bedeau se flattait d'un dénouement pacifique, quoique les faits journellement rapportés par nos espions ne permissent guère d'y croire.

La nouvelle que l'ennemi cherchait à accréditer était celle d'une double invasion par les hauts plateaux et par la plaine de Magrnia, cette dernière invasion évitant notre camp pour marcher droit sur Tlemcen.

L'exécution de ce programme nous eût mis dans un grand embarras, car la province entière se fût soulevée.

Le seul moyen de sortir de ce pas difficile aurait été, sans s'occuper des colonnes ennemies, de se jeter sur Oudjda, de s'emparer de cette base et de se placer de la sorte sur la grande route de Fez : on eût ainsi déconcerté tout le plan annoncé.

Le général de Lamoricière avait, à Magrnia, sous ses ordres six bataillons, quatre escadrons et huit pièces de montagne, soit environ 4,500 combattants.

Les Marocains disposaient déjà autour d'Oudjda d'une dizaine de mille hommes, et toutes les forces régulières et irrégulières de l'empire étaient en marche pour les rejoindre.

Les premières consistaient en un maghzen de 25,000

ou 30,000 cavaliers, dits Abid-Sidi-Boukari, origi-
naires du sud, de race noire mélangée ultérieurement par des mariages avec des femmes arabes. Géné-
ralement bien montés, habitués à combattre très rap-
prochés, ces cavaliers passaient pour extrêmement
redoutables.

Mobilisés, ils touchaient une solde avec les vivres
et les fourrages; revêtus d'un caractère religieux, ils
étaient chargés en temps ordinaire de faire la collecte
des impôts ordonnés par le Coran.

Une large culotte ou séroual, un burnous de drap
bleu, un grand bonnet rouge pointu, un sabre et un
long fusil armé d'une baïonnette leur constituaient
une tenue et un armement à peu près uniformes. Toutefois, les fusils n'étant pas à cette époque du même
calibre, il s'ensuivait qu'il ne pouvait être fait de distributions de cartouches. Dans le combat, chacun,
muni de balles à sa convenance et d'une poire à
poudre, chargeait son arme comme on le fait à la
chasse, méthode délicate et lente, dans la chaleur de
l'action.

Quant à l'artillerie, en dehors de l'armement des
villes, elle consistait, pour les expéditions, en quelques
pièces de petit calibre assez mal attelées et médio-
crement servies par des renégats, la plupart Espagnols. Mille à douze cents fantassins mal armés et mal
vêtus, sans discipline, sans instruction, avaient été
recrutés tout exprès pour la campagne en perspective.

Venaient ensuite comme auxiliaires les contingents
des gens à pied et de cavaliers des tribus arabes et

berbères, variables dans leur nombre selon l'obéissance de chacune d'elles à l'empereur, selon leur plus
ou moins d'ardeur pour la guerre sainte et surtout,
selon leur espoir de faire du butin.

En somme, on devait admettre que, de Fez à la
frontière, il pouvait se former contre nous, à un jour
donné, un rassemblement de 35,000 à 40,000 hommes,
tant de Réguliers que d'Irréguliers.

Au bout d'une dizaine de jours, le nouveau fort
présentant un relief suffisant pour résister à un coup
de main, le général se porta avec sa petite colonne, de
Magrnia chez les Maaziz. Il y établit son camp près
du marabout de Sidi-Aziz, sur le versant méridional
de la chaîne, qui du col de Thaza court vers la frontière, s'y abaisse et se relève bientôt pour former le
massif des Beni-Snassen.

Nous y étions installés depuis deux jours, lorsque,
vers midi, le colonel Roguet distingua à la lunette,
dans la plaine de l'Oued-Mouïlah, les mouvements d'une
cavalerie assez considérable.

Le général de Lamoricière m'envoya aux avant-
postes pour observer ce qui se passait et, sans plus
tarder, il ordonna d'abattre les tentes, de charger
les bagages et dé prendre les armes pour être prêt à
tout événement.

Une demi-heure ne s'était pas écoulée que, sans
aucune déclaration de guerre, 4,000 à 5,000 cavaliers
marocains nous attaquaient avec une confiance sans
égale. Nous marchâmes contre eux, l'arme au bras,
sans tenir compte de leur fusillade.

Le général Bedeau, qui était à l'avant-garde avec les zouaves et le 10e bataillon de chasseurs à pied, les déploya à moins de cent pas de l'ennemi. Il fit ensuite ouvrir le feu.

Le général de Lamoricière, formant de ces troupes la droite de sa ligne de bataille, en constitua rapidement le centre et la gauche avec le reste de l'infanterie, qu'il renforça de quatre escadrons de chasseurs d'Afrique. De cette manière, notre gauche débordait la droite de l'ennemi et était en mesure de rejeter celle-ci sur son centre et sur sa gauche, adossée à de grands escarpements rocheux.

Les dispositions du général furent couronnées d'un plein succès dès qu'il prit l'offensive; malheureusement, deux de nos quatre escadrons avaient dû être envoyés au général Bedeau, fortement engagé, pendant que s'opérait la formation précédente.

Les deux autres escadrons, maintenus à la gauche, fournirent une charge vigoureuse qu'ils prolongèrent jusqu'à une demi-lieue, en sabrant une centaine de cavaliers; mais, avec les quatre escadrons, le résultat eût été tout autre.

La baïonnette acheva ceux que le sabre avait laissés vivants; on ne fit qu'un prisonnier. Il rapporta qu'un chérif, cousin de l'empereur, arrivé à Oudjda le matin même, avait voulu, malgré le caïd, faire cette attaque et qu'il se croyait si bien assuré de la victoire, que sa seule inquiétude était que nous ne parvinssions à nous réfugier au bord de la mer, pour fuir sur des vaisseaux. Dans cette prévision, il avait même envoyé un détachement pour nous couper cette retraite.

Les Marocains que nous avions eu à combattre étaient des gens du Maghzen. Ils avaient été très audacieux dans leur attaque et très tenaces pendant le déploiement ; mais, une fois assaillis, ils n'avaient pas trouvé dans leur organisation ce qu'il faut pour soutenir un choc, se rallier et renouveler la lutte. Ils s'en allèrent jusqu'à Oudjda, très démoralisés.

Ce début éleva au contraire davantage la confiance de nos troupes.

Nous regagnâmes, le soir même, Magrnia.

Le général de Lamoricière, voyant que la guerre était inévitable, voulut former dans ce poste un grand approvisionnement de fourrage, en profitant des herbages et surtout des pailles des moissons des environs. Les officiers supérieurs, à tour de rôle, commandaient les fourrageurs ; j'eus ainsi mon jour de commandement des quatre bataillons et de toute la cavalerie employés à ce service.

Le maréchal ne tarda pas à arriver avec des renforts, malgré que le général Bedeau ne cessât de soutenir qu'il y avait moyen d'entrer en arrangement avec l'empereur Mouley-Abd-er-Rhaman, même après ce qui s'était passé le 15 mai. Le caïd d'Oudjda, de son côté, ne demandant pas mieux que de se donner des apparences pacifiques, ces communes dispositions aboutirent à convenir d'une entrevue, dans laquelle on tâcherait de s'entendre.

Naturellement, le général Bedeau s'offrit et fut accepté pour représenter la France en cette circonstance.

Nous étions campés près des eaux chaudes dites Hamman-ben-Rara; les parlementaires se rencontrèrent à Bettim, sur la rive droite de la Mouïlha.

Le général de Lamoricière y était arrivé vers onze heures du matin, avec quatre bataillons et deux obusiers de montagne.

La petite armée marocaine, qui comptait 3,000 à 4,000 cavaliers du Maghzen, autant de cavaliers irréguliers et enfin ce bataillon recruté à Fez et décoré du titre d'infanterie de la garde du sultan, vinrent se ranger en bataille à mille mètres en face de nous.

Le maréchal resta au camp, prêt à accourir avec du monde, si c'était nécessaire.

Bientôt, le général Bedeau nous quitta, suivi du capitaine Espivent de la Villeboisnet, son aide de camp, d'un interprète, M. Schousboë, du caïd de Tlemcen, Si-Ammadi-Sakal et de deux ou trois de nos Arabes. Il se porta au milieu des Marocains, où il fut reçu par le caïd d'Oudjda, Si-El-Guenaoui.

Celui-ci dut dès le principe user de son autorité pour faire respecter le général, devant lequel cependant quelques-uns de nos Arabes émigrés au Maroc vinrent insolemment parader. Ce n'était là qu'une bravade ; mais ailleurs, particulièrement du côté du prétendu bataillon régulier, il régnait une agitation bien autrement inquiétante.

Un pli de terrain nous cachait le général Bedeau. Mal rassuré sur sa situation, le général de Lamoricière m'envoya me placer en avant de la ligne, de manière à bien distinguer ce qui se passait sur le lieu de l'entrevue : je m'établis sous un frêne situé entre les deux camps.

J'étais seul, ayant mis pied à terre et même assis contre l'arbre et à son ombre, lorsque quelques cavaliers d'un aspect sauvage vinrent m'entourer, m'accabler d'injures et de menaces, moitié en espagnol, moitié en arabe et me coucher en joue avec leurs fusils armés.

Un d'entre eux, qui paraissait au comble de l'exaltation, était sans doute quelque renégat espagnol échappé du préside de Melillia ou d'Albucémar, qui s'efforçait de donner à ses nouveaux coreligionnaires une haute idée de sa haine pour le chrétien. Un autre se démenait sur son cheval avec les pieds nus dans les étriers, les jambes, les bras nus, la tête rasée et nue. Son corps long et maigre était seulement revêtu d'un justaucorps cramoisi. Cet homme était ce que j'ai jamais vu de plus diabolique.

Un caïd marocain arriva à propos forcer ces énergumènes à s'éloigner un peu et m'engagea à me retirer si je ne voulais me faire tuer par ces bêtes féroces. A ce moment, le général de Lamoricière me faisait dire de le rejoindre. Les balles sifflaient sur notre droite; le capitaine Daumas venait d'être gravement blessé et l'infanterie régulière gagnait du terrain vers nous.

Dans une grande perplexité au sujet du général Bedeau et de ses compagnons, nous étions prêts à nous élancer à leur secours, tandis que la crainte nous retenait que le moindre mouvement offensif de notre part leur devînt fatal. C'était avoir déjà beaucoup risqué sous ce rapport, que d'avoir mis par précaution deux obusiers en batterie.

Enfin, nous vîmes le général et son groupe revenant sains et saufs.

L'entrevue avait été sans résultat; pourtant, pour protester encore de notre intention d'éviter la guerre, nous commencions à nous replier vers notre camp sous le feu de quelques tirailleurs, lorsque le maréchal arriva : il amenait quatre bataillons.

En moins d'un instant, il eut arrêté le mouvement de retraite ; formé une *Tête de porc* avec les huit bataillons sous sa main, ployés en colonne par division à demi-distance ; placé dans l'angle intérieur de la cavalerie, libre de sortir par les intervalles des bataillons et pris délibérément la direction d'Oudjda.

Déconcertés de ce brusque changement d'attitude, les Marocains, qui un instant auparavant faisaient mine de nous suivre, commencèrent à s'écouler par la plaine ondulée de la rive gauche de la Mouïlha.

Le 15 mai, j'avais attentivement examiné la plaine en question et le cours de la petite rivière et j'avais eu de la peine à y trouver un gué. La Mouïlah formait donc un sérieux obstacle sur lequel, par une conversion à droite, il devenait possible d'acculer les masses en retraite, ou tout au moins l'infanterie qui se retirait plus lentement que la cavalerie et presque à notre hauteur.

J'allai m'assurer de mes yeux de la possibilité d'obtenir ce résultat et je revins rapidement au général de Lamoricière, lui indiquer la fortune qui s'offrait.

« Courez au maréchal, me dit-il ; faites-lui la proposition en votre nom, au mien ; dites-lui que nous sommes d'accord. »

Le maréchal me renvoya aussitôt au général de Lamoricière, pour lui porter l'ordre de conduire notre cavalerie sur l'ennemi, quand il le jugerait opportun ; il était entendu qu'en même temps lui-même ferait converser toute l'infanterie pour appuyer le général. Dix minutes après, plus de trois cents fantassins marocains étaient couchés par terre. Le capitaine de Rovigo, des spahis ; un autre officier, dont le cheval s'emporta, cinq ou six chasseurs ou spahis dont deux sous-officiers, furent tués ; nous eûmes une quinzaine de blessés.

La fusillade ayant mis le feu aux moissons, de nombreux blessés marocains expirèrent au milieu des flammes. Le combat terminé, on fit une halte sur la rivière. Les spahis y avaient entassé, près du gué, plus de cent cinquante têtes. Le soir, nous reprîmes notre bivouac.

Après s'être ravitaillé à Magrnia, le maréchal marcha sur Oudjda, où l'armée entra le 19 : la ville était évacuée.

Il était de plus en plus évident que la campagne allait se prolonger ; la question du renouvellement des vivres et des munitions se présentait donc extrêmement importante. Approvisionner Magrnia par Tlemcen et par conséquent par Oran était aussi difficile que dispendieux, puisqu'il fallait apporter les vivres d'une distance de cinquante lieues, tandis que Magrnia n'est qu'à une journée de la mer.

Si l'on adoptait cette voie de ravitaillement, il fallait savoir à quel point de la côte elle s'attacherait. Le général de Lamoricière fit prévaloir le choix de Djemaâ-Razaouat, point accessible et d'une occupation facile du côté de la terre. Deux bonnes routes muletières, venant, l'une de Magrnia, par Nedromah; l'autre d'Oudja et des Beni-Snassen, par Sidi-Bou-Djenam, y aboutissent.

Le mouillage devant Djemaâ-Razaouat, couvert seulement des vents de sud et de sud-est et parsemé de quelques rochers, est cependant d'une assez bonne tenue; les grands navires ne peuvent s'approcher que jusqu'à mille mètres du rivage; mais, par compensation, la côte étant droite, l'appareillage se fait assez facilement.

La plage offre deux criques, qui ne sont abordables qu'à des barques d'un très petit tonnage; l'une est ouverte à l'est, l'autre à l'ouest, ce qui permet de débarquer à l'une ou à l'autre, selon que le vent souffle de l'ouest ou de l'est.

On hésita entre ce mouillage de Djemaâ-Razaouat, le petit port voisin de Sidi-Loucha, où l'on voit à fleur d'eau les restes d'un quai romain et un autre petit port, Mersa-Hanaïa, au fond duquel s'élève une vieille et vaste enceinte en pisé. Au delà vient le mouillage de l'île de Raschgoun, à l'embouchure de la Tafna, où nous avions eu un établissement en 1836 et 1837.

Les deux petits ports, tellement adossés aux montagnes que l'on n'aurait pu, sans de grands travaux, en faire partir vers l'intérieur une route carrossable, furent écartés. Quant à la Tafna, elle était malsaine et trop éloignée de la frontière et des magasins de Magrnia, qu'il fallait approvisionner le plus tôt et le plus directement possible.

Djemaâ-Razaouat, qui fut plus tard nommé Nemours, eut donc la préférence après beaucoup de controverses et les débarquements y commencèrent.

Le maréchal voulut que les vivres, mis à terre, y restassent déposés sans garde, sous la responsabilité de la tribu des Souhalia. Nous en prîmes un premier grand convoi, qui s'organisa avec les transports du pays; il marcha à la satisfaction générale.

Le général Bedeau en commandait l'escorte; le maréchal suivait à distance.

Le général de Lamoricière se tenait dans le même temps au sud-ouest de Tlemcen, pour s'opposer à ce mouvement tournant par les hauts plateaux dont il a déjà été question.

A Magrnia, du mamelon qui domine le fort à l'est, on apercevait distinctement au delà d'Oudjda, dans la plaine située entre les Beni-Snassen et les Zekkara, un camp considérable. Le maréchal résolut de l'attaquer.

Nous fîmes une première étape jusqu'à Ras-Mouïlah, puis nous nous avançâmes de nuit jusqu'à Djerfel-Akdar. Un peu avant d'y arriver, aux premières heures du jour, une grand'garde ennemie qui s'était trouvée un instant engagée entre nos colonnes leur échappa et courut nous annoncer.

Une remarque à ce propos :

Les Marocains sont sujets à se laisser surprendre;

ils fument beaucoup une préparation faite avec le chanvre, qui exerce sur le cerveau un effet analogue à celui de l'opium, et leurs vedettes en éprouvèrent souvent les inconvénients.

Le maréchal s'était arrêté à Djerfel-Akdar : dans la matinée, il envoya le général Bedeau à la tête de trois bataillons, se mettre en communication avec le caïd d'Oudjda, afin d'engager la population à ne pas fuir. Nous rencontrâmes le caïd à une lieue de la ville et ralliâmes le maréchal dans l'après-midi. Le soir, un grand détachement de cavalerie vint nous reconnaître : il était évident qu'une affaire se préparait pour le lendemain.

Le maréchal décida de simuler une retraite. De bon matin nous la commençâmes par la rive droite de l'Isly et bientôt nous fûmes suivis dans la plaine par beaucoup de monde. Abd-el-Kader, côtoyant notre gauche avec 300 à 400 cavaliers, ne se mêla pas à l'action.

Quand elle fut bien engagée, nous fîmes volte-face et revînmes à notre campement du matin en chassant devant nous des masses assez nombreuses de cavaliers, mais sans avoir eu affaire à aucune troupe d'infanterie.

Qu'était donc devenue celle dont les renseignements de la veille nous signalaient l'existence?

En sondant le terrain avec nos lunettes, le capitaine Rivet, officier d'ordonnance du maréchal, et moi, finîmes par découvrir des gens à pied qui se retiraient précipitamment; notre cavalerie perdit malheureusement leur trace. Nous sûmes, depuis, qu'il s'agissait de 800 à 900 fantassins marocains qui, après s'être cachés dans le lit de l'Isly, allèrent se jeter dans Oudjda.

Craignant le sort du bataillon de l'entrevue, ces gens fournirent, par la chaleur qu'il faisait, une course si rapide, qu'ils arrivèrent dans la ville exténués de fatigue et si altérés que, suivant l'expression pittoresque d'un espion, « ils portaient sur leur dos leur langue pendante, comme des chiens ». Cet espion nous raconta aussi qu'Abd-el-Kader, qui se trouvait sur le chemin des Marocains en fuite, s'était vengé de leurs dédains, en leur demandant pourquoi ils couraient si vite.

Dans ce retour offensif, l'artillerie, à une halte, amena une section d'obusiers de montagne pour disperser quelques derniers groupes. Pendant le tir, une gargousse avariée, au lieu de chasser l'obus au loin, le fit rouler à peine hors de la bouche de la pièce au milieu des canonniers servants; la fusée fumait. Chacun se coucha à terre, excepté le capitaine Bonamy, commandant la batterie, et un autre officier. L'explosion eut lieu, personne ne fut atteint.

Bien que incomplète, la journée fut à notre avantage et notre entrée à Oudjda se fit le lendemain.

Nous campâmes dans ses magnifiques jardins, sous d'épais ombrages de grenadiers, d'oliviers, de citronniers, d'orangers et d'acacias.

Oudjda renfermait de nombreux émigrés de Tlemcen, ils saisirent cette occasion de rentrer chez eux.

26

La ville fut ménagée ainsi que les habitants qui y étaient restés. La garnison avait abandonné la citadelle ou méchouar, grand carré long fermé par un mur en pisé; sur sa face ouest, on distinguait une ancienne brèche facile à rouvrir avec du canon.

D'Oudjda, nous remontâmes l'Isly jusqu'aux montagnes des Zekkara et dès notre première marche, nous rencontrâmes des cavaliers d'Abd-el-Kader près des collines dites Coudiat-Muley-Abd-Errahman; Bou-Amedi était avec eux. Ils se donnèrent les allures de gens qui parlementent.

Sans nous laisser prendre à leur ruse, nous pénétrâmes chez les Zekkara dont nous incendiâmes les villages. L'émir, qui était établi chez eux, n'eut que le temps de lever son camp.

Quand nous dûmes nous replier, le général Bedeau, qui avait mené l'opération, me chargea de diriger l'évacuation des positions qu'au moment de l'attaque il avait fait occuper par trois bataillons et quatre escadrons; le soir, il me remercia en termes affectueux de la manière dont j'avais rempli ses intentions; j'y fus fort sensible.

Le lendemain, reprenant le chemin d'Oudjda, nous fûmes suivis par des cavaliers nombreux et pleins d'audace. Le maréchal leur tendit une embuscade, mais le capitaine qui commandait l'infanterie empêcha le succès, en se montrant mal à propos par défaut d'intelligence ou de sang-froid; l'ennemi prévenu se tint à distance. Deux escadrons de chasseurs ayant voulu le rejoindre, ils se mirent dans l'embarras en

s'abandonnant à une poursuite acharnée ; il fallut les dégager, ce qui fit perdre quelques hommes et du temps.

Nous revînmes d'Oudjda à Djemâa-Razaouat par
le pied des montagnes des Beni-bou-Saïd. Le général
de Lamoricière, qui était chez eux, reçut du maréchal
l'ordre de le rallier au passage, tandis que le général
Bedeau fut, à son grand déplaisir, détaché avec quatre
bataillons et un peu de cavalerie vers Sebdou.

Son ennui s'explique : chacun pressentait que de
nouvelles forces marocaines ne tarderaient pas à se
présenter ; on savait le fils de l'empereur à leur tête
et conduisant douze à quatorze pièces de canon, et se
séparer de l'armée dans une telle circonstance était
assurément chose bien pénible.

La saison étant devenue brûlante, le maréchal,
pour ménager ses troupes, les établit sur le bord de la
rivière, à mille mètres en aval de Magrnia, sous des
frênes d'une beauté remarquable. Le terrain couvert
dissimulait si bien nos forces, que les Marocains, malgré qu'ils eussent poussé une grande reconnaissance
jusque sous le canon du fort, crurent que nous nous
étions repliés sur Tlemcen en ne laissant à Magrnia
qu'une forte garnison.

Cependant les convois de vivres ne cessaient de
nous arriver ; des renforts d'infanterie, de cavalerie
et d'artillerie nous ralliaient chaque jour ; enfin, le
colonel Eynard, chargé d'observer la ligne des hauts
plateaux et qui s'était successivement rapproché de
l'ouest, recevait, ainsi que le général Bedeau, l'ordre
de rejoindre le maréchal.

Au commencement d'août, celui-ci disposait de 18 bataillons d'infanterie, 19 escadrons de cavalerie, 800 cavaliers indigènes, 18 obusiers de montagne, 1 canon de huit et 1 obusier de vingt-quatre. Il n'entrait dans ces forces que des troupes aguerries, capables de supporter toutes les fatigues et de braver tous les dangers.

Depuis quelques jours, nos mouvements se bornaient à fourrager tantôt au sud, tantôt à l'ouest, vers la frontière. Ces fourrages furent d'abord surveillés par les Marocains qui, croyant à notre faible nombre, finirent par ne plus s'en préoccuper.

Cependant la présence du fils de l'empereur, Sidi-Mohamed, au milieu de ses troupes, nous était confirmée par le bruit du canon qui donnait chaque matin et chaque soir à son armée le signal de la prière. Du mamelon voisin de Magrnia où des observateurs étaient entretenus, on distinguait, comme une grande tache blanche, une masse de tentes dans la direction des mamelons dits des Coudiat-Muley-Abd-Errahman, distants de neuf ou dix lieues.

Le maréchal résolut d'aller chercher l'ennemi.

Le dispositif de la marche ainsi que celui du combat furent réglés à l'avance. J'en dessinai le projet et j'obtins même qu'un seul bataillon en colonne, au lieu de deux à même hauteur, comme le maréchal le voulait d'abord, occupât le sommet de l'angle d'attaque, de manière à donner plus d'unité et de sûreté à la direction de la marche. Le soin de choisir les guides, de s'entendre avec eux et de les diriger me fut remis.

Le programme arrêté était celui-ci : partir assez tard dans l'après-midi en simulant un fourrage ordinaire ; s'avancer ainsi de deux lieues vers Oudjda, s'arrêter et laisser venir la nuit ; quand elle serait close, choisir l'heure convenable pour gagner les gués de l'Isly près des mamelons de Tinialine, de manière à passer ces gués au soleil levant ; puis aller droit aux camps marocains.

Le maréchal fit connaître au ministre de la guerre ce plan d'action dont il ne mettait pas en doute l'heureux succès.

Il avait communiqué sa confiance aux troupes et, la veille du départ, avait expliqué, dans une réunion de tous les officiers de toutes armes, de quelle manière il comptait pénétrer au milieu des masses ennemies. Il accompaguait sa démonstration de violents gestes des coudes, très expressifs, qui mirent en gaieté son auditoire guerrier.

Dans la mission qui m'était confiée, je possédais l'excellente condition d'avoir levé le terrain que nous allions parcourir.

Le 13 août, nous quittâmes Magrnia vers trois heures de l'après-midi. Près de Bettim, la plaine est traversée par un profond ravin, dont les deux berges sont à pic, sauf à l'un de ses coudes où l'on trouve de chaque côté une bonne rampe naturelle. Nous franchîmes ce passage sur une seule colonne et fîmes halte au delà.

Pour la nuit, au lieu de compter absolument sur mes guides arabes, j'avais bien remarqué, le soir, au crépuscule, que l'étoile polaire était par le travers de mon épaule droite, quand je faisais face aux mamelons voisins des gués où nous devions arriver le matin. Ce moyen de m'assurer de la direction était d'autant plus nécessaire, que nous devions suspendre la marche pendant la nuit.

Tout s'était bien passé jusque-là et les troupes reposaient en silence, lorsque la rentrée d'une patrouille de spahis faillit tout à coup devenir l'ocasion du plus grand désordre. La prenant pour l'avant-garde de l'armée marocaine, tout le camp courut brusquement aux armes. Heureusement chacun garda son rang et nous en fûmes quittes pour une forte émotion qui, chez d'autres soldats, eût pu se résoudre en une panique.

Le 14 août, à la pointe du jour, nous étions sur les gués : après les avoir passés et nous être massés au delà, nous reprîmes la marche par le thalweg d'un affluent de gauche de l'Isly. Cinq ou six cavaliers marocains se retiraient lentement en tiraillant sur mes guides, sans qu'on leur répondît. Nous nous avancions dans un ordre parfait.

Le maréchal, avec son état-major, se maintenait à gauche et à hauteur de la tête de colonne : « Martimprey, cria-t-il, êtes-vous sûr de la direction? — Oui, monsieur le maréchal, m'empressai-je de lui répondre. — Bonô! » reprit-il d'une voix de stentor, qui, entendue de toute l'armée, souleva dans les rangs une rumeur bruyante d'hilarité pleine de confiance.

Enfin, un fort détachement était venu nous reconnaître et s'était rapidement retiré.

En arrivant à Djerf-Hakdar, où l'Isly fait un angle prononcé, nous découvrîmes, sur sa rive droite, trois grands camps de tentes blanches, de même forme, contenant entre eux 18,000 à 20,000 hommes. La tente du fils de l'empereur dominait le camp principal.

Les contingents des tribus étaient groupés autour des trois camps ; partout régnait un mouvement que notre approche justifiait. Des cavaliers ne tardèrent donc pas à accourir et à engager une tiraillerie assez vive avec nos chasseurs à pied d'avant-garde, déjà embusqués le long de l'Isly qui se présentait devant nous. La tête de colonne en était à quatre cents pas.

Le maréchal prescrivit de faire halte et de prendre l'ordre de combat par bataillons échelonnés se flanquant de proche en proche. Il fallait passer la rivière pour aborder les camps, notre véritable objectif.

Dans ce moment, un colonel fit au maréchal l'observation que le terrain accidenté de la rive droite ne permettrait pas d'y employer la cavalerie et d'y conduire du canon. Le maréchal m'interpella. Je lui garantis, sur ma tête, de le bien conduire par la rive droite. Aussitôt il donna le signal de se porter en avant.

Je courus à la rivière, dont les balles ridaient l'eau. Une rampe excellente, la seule peut-être, à une lieue au-dessus et au-dessous, qui fût large et praticable sans travail, s'offrait devant moi.

La colonne du centre, que suivait l'artillerie de campagne, s'y engagea, la franchit sans encombre et remonta avec la même facilité sur l'autre rive, après avoir traversé un gué solide et sans profondeur.

A partir de ce moment, l'affaire fut générale. Une nombreuse cavalerie irrégulière chercha à nous tourner et à plusieurs reprises, le feu devint très vif sur la tête de la formation et sur tout son pourtour.

La vigueur de nos admirables bataillons, l'action de notre artillerie de campagne par laquelle le fils de l'empereur suivi de ses drapeaux fut forcé à la retraite, enfin, une charge magnifique de toute notre cavalerie qui s'élança en faisant trembler la terre, nous assurèrent la victoire au bout de deux heures de combat.

A trois heures du soir, nos bivouacs occupaient l'emplacement du camp du fils de l'empereur.

De nombreux chevaux, des mulets, des armes, de l'argent, des provisions, de la poudre, neuf canons, un matériel immense de campement, furent les trophées de cette victoire qui nous coûta peu de monde.

Les Marocains éprouvèrent des pertes considérables ; leurs traînards et leurs blessés furent impitoyablement traités par les tribus, dont l'armée en fuite eut à traverser le territoire pour regagner Fez.

La bataille d'Isly eut un effet moral extraordinaire, que complétèrent, quelques jours après, deux grands succès de notre marine à Tanger et à Mogador.

La paix s'ensuivit. Elle fut signée à Tanger, le 10 septembre 1844, résultat considérable et glorieux de l'œuvre commune des armées de terre et de mer.

CHAPITRE XIV

La victoire d'Isly à peine remportée, nos troupes
furent à ce point accablées par les maladies, que nos
nombreux transports ne pouvaient suffire aux évacua-
tions sur Magrnia. Le maréchal dut renoncer à son
désir de s'avancer jusqu'à la Moulouïa, après une marche de trois lieues dans cette direction, qui démontra
l'impossibilité de tenir la campagne davantage. D'ailleurs, l'armée marocaine était pour longtemps hors

d'état de reparaître et il n'y avait plus moyen d'atteindre ses débris.

Nous regagnâmes Magrnia, d'où une partie de la cavalerie et quelques détachements d'infanterie reprirent le chemin de l'est. De son côté, le maréchal conduisit le gros de l'armée à Djemâa-Razaouat et s'y embarqua pour Alger.

L'air bienfaisant de la mer, les bains, le repos, l'usage du vin, les distributions journalières de pain, les fruits, les légumes, ramenèrent bientôt la santé chez nos troupes épuisées.

Nous occupions un camp excellent sur la grande colline sablonneuse qui s'étend du village des Oulad-Ziri à la plage de Djemâa-Razaouat.

La fondation de Nemours sur cette plage date de cette époque; un système de blockhaus, avec un mur d'enceinte, en constitua la défense. Le lieutenant-colonel de Montagnac, homme droit, énergique, ardent jusqu'à l'exaltation, fut nommé commandant supérieur du nouveau poste.

Outre ses avantages militaires, cette petite place semblait destinée à devenir, en temps de paix, un comptoir pour l'écoulement dans le Maroc de beaucoup de marchandises, telles que fers, étoffes de coton, quincaillerie, etc.; en retour, le pays devait fournir à une forte exportation de grains et de bestiaux.

Ces conditions commerciales avaient pour indice ce qui se passait au marché voisin de Nedromah, petite ville indigène distante de trois lieues de Djemâa-Razaouat sur la route de Magrnia, où Marocains et

Algériens se rencontraient comme sur un terrain neutre.

Dès que les chaleurs eurent diminué, le général de Lamoricière remit les troupes en mouvement. La paix ne paraissait guère douteuse, mais il fallait attendre sous les armes qu'elle fût ratifiée.

Je fus d'abord chargé de faire, avec un bataillon et un escadron, la reconnaissance de la route de Djemâa-Razaouat à Tlemcen, par Aïn-Kebira et Mechera-Gueddara. Le pays des Traras, que cette route traverse, était alors à peu près insoumis; j'y crus un instant à une mauvaise affaire.

A mon retour, le général de Lamoricière se porta sur la frontière, entre l'Ogla de Sidi-Bou-Djénane et l'embouchure du Kis. Il y reçut la soumission des Mesirda-Tahada et força les Oulad-Mellouk à rentrer sur leur territoire. La cavalerie fit, dans ce but, une marche de nuit et un grand mouvement de conversion pour les envelopper.

Sur ces entrefaites, les ratifications du traité ayant été échangées, nous gagnâmes, par Magrnia, Tlemcen, où le général Cavaignac était attendu. Il remplaçait, dans le commandement de la subdivision, le général Bedeau promu au grade de lieutenant-général et désigné pour le commandement de la division de Constantine.

J'étais présent à l'entrée du général Cavaignac chez le général de Lamoricière, à Tlemcen; ils s'embrassèrent avec effusion. Le premier, ému jusqu'aux larmes, demeura quelques instants sans pouvoir parler : il se retrouvait dans une ville où huit ans auparavant, simple capitaine, il avait joué un rôle si important et ce souvenir impressionnait son âme délicate.

Le général de Lamoricière me laissa au général Cavaignac, pour l'accompagner dans la tournée de prise de possession de sa subdivision. Je demandai à conserver provisoirement avec moi le lieutenant d'état-major Beaudouin, qui m'avait déjà secondé dans mes travaux topographiques et que, quelques jours plus tard, je décidai à rester à Tlemcen auprès du général Cavaignac.

Celui-ci visita successivement Magrnia, Djemâa-Razaouat et Sebdou. De Sebdou, il poussa jusqu'à Mazer que j'avais vu brûler par le général Bedeau quelques mois auparavant et qui était désert. Nous fîmes ensuite une pointe sur les hauts plateaux jusqu'à l'Ogla de Sidi-Mohamed, d'où nous revînmes en longeant la frontière marocaine. Arrivés à Missiouine, nous regagnâmes Sebdou par Tenakiel et le pays boisé des Oulad-Elnar du Tell.

A son retour à Tlemcen, le général Cavaignac, auquel je cessais d'être utile, me congédia; j'étais resté six semaines environ auprès de lui.

Je trouvai à Oran le général de La Rue. Il était nommé commissaire du gouvernement pour l'exécution d'une partie très délicate du traité de Tanger, la délimitation de la frontière avec le Maroc, et le ministre de la guerre m'avait nominativement désigné pour être adjoint à cette mission. Le général amenait avec lui M. Roches et le capitaine Pourcet, son aide de camp ; il devait se rendre à Tlemcen et ensuite sur la frontière.

Le général de Lamoricière, voulant donner le plus d'apparat possible à la venue de notre plénipotentiaire, le conduisit lui-même, avec une escorte considérable, jusqu'à Aïn-Témouchent, où le général Cavaignac s'était porté pour le recevoir.

Nous entrâmes dans Tlemcen, au bruit des salves d'artillerie.

Le général de La Rue se mit immédiatement en relation avec le caïd d'Oudjda, Si-Hamida. Celui-ci attendait un personnage investi de la confiance de l'empereur, nommé Si-Selaoui, qui devait l'assister dans la négociation.

Pendant ce temps, je recueillais des renseignements sur la frontière telle qu'elle existait du temps des Turcs et je traçais la carte à mettre à l'appui du procès-verbal de délimitation. Dans le Tell, ce travail était facile ; la carte que j'avais dressée l'année précédente, et qui était entre les mains du ministre, contenant toutes les indications nécessaires. Dans le Sahara, c'était beaucoup moins clair et je fus conduit à une erreur grave, en m'en rapportant aux témoignages du caïd de Tlemcen, Si-Ammadi-Sakal, et de l'agha de la montagne de l'Ouest, Si-Ben-Abd-Allah. Ils nous certifièrent que les Oulad-Sidi-Chigr-Garabas étaient Marocains.

Ce mensonge, car ce ne pouvait être une erreur, était léger à des musulmans témoignant de la non-appartenance aux chrétiens, de populations musulmanes.

Cependant, pour hâter les choses, M. Roches avait été envoyé à Oudjda près du caïd : il y promit, sous main, des cadeaux aux plénipotentiaires marocains et lorsque la carte de délimitation, dressée en double, leur fut montrée, ils se déclarèrent prêts à l'approuver ainsi que la description de cette délimitation.

Pour éloigner les complications qui eussent pu résulter de l'intervention d'Abd-el-Kader et des tribus limitrophes, si l'on parcourait la frontière, il fut entendu tacitement qu'on se bornerait à une entrevue solennelle sous le canon du fort de Magrnia, où l'on serait à l'abri de toute insulte ou d'hostilités imprévues.

Le jour de cette entrevue ayant été fixé, le général Cavaignac voulut prendre, de sa personne, le commandement des troupes pendant la réunion. Tout se passa comme on en était convenu de part et d'autre.

Nous nous étions portés au-devant du caïd Si-Hamida et de Si-Selaoui ; ils arrivèrent de leur côté avec une belle escorte de 300 Mokrasnis.

Quand ils mirent pied à terre, l'artillerie du fort les salua ; puis le général de La Rue les fit entrer dans une grande tente où ils trouvèrent une collation.

Après y avoir fait honneur et avoir reçu les cadeaux et l'or que, d'avance, ils avaient accepté pour eux et leurs secrétaires, ils apposèrent leurs signatures sur l'acte de délimitation et sur la carte qui en représentait le tracé ; les noms des lieux y étaient écrits en français et en arabe. Je signai à cette dernière pièce.

Nous reconduisîmes ensuite les plénipotentiaires marocains jusqu'à hauteur de Bettim.

Le général de La Rue accepta plusieurs chevaux ; un présent de cette nature constituait une sorte d'hommage ; les Arabes le comprirent ainsi et ce n'était pas là une chose indifférente.

Au moment de son retour en France, le général me donna un de ces chevaux ; il était difficile ; j'en fis don à mon tour à un vieil Arabe de mes amis, Ben-Moktar-Ould-Amara. C'est le seul cadeau que j'aie jamais accepté.

Après quelques jours à Oran, je fus chargé d'étudier la possibilité d'ouvrir une route entre cette place et Sidi-bel-Abbès à travers le Tessalah. Ce fut l'objet d'une reconnaissance de trois jours, pendant lesquels la pluie ne cessa de tomber ; je n'en ai jamais vu d'aussi violente.

Les moindres ruisseaux étaient devenus des torrents furieux, le Tessalah présentait partout des cascades et des éboulements, la plaine du Figuier était couverte d'une couche d'eau de deux pieds.

Rien ne me parut possible à travers le Tessalah, qu'une route muletière par Akbeil, le chemin qui suit l'Oued-el-Haimer et qui seul était susceptible d'être rendu carrossable, se rejetant trop à l'ouest de la ligne directe d'Oran à Sidi-bel-Abbès.

Vers le même temps, le général de Lamoricière se rendit à Daya pour y fonder, entre Sebdou et Saïda, le poste intermédiaire qui compléterait la ligne de postes-magasins de la province, entre le Tell et les hauts plateaux. Le capitaine Charras, nommé chef de bataillon tout récemment, fut désigné pour commander à Daya.

A Mascara, le colonel Géry s'apprêtait à partir pour le sud. Comme j'avais préparé pour sa colonne des itinéraires par renseignements jusqu'à Stittenn, je reçus du général de Lamoricière l'ordre de me mettre à la disposition du colonel.

Il forma sa colonne à Saïda ; elle comprit 3 petits bataillons, 4 pièces de montagne, 75 chasseurs à cheval de France, 75 spahis et 150 cavaliers arabes ; en tout de 1,400 à 1,500 combattants. Nous emportions un mois de vivres environ, ceux du sac non compris, avec un équipage de tonnelets et d'outres, permettant de se faire suivre de deux litres d'eau par homme.

Nous partîmes de Saïda le 18 avril ; le lendemain, nous traversâmes heureusement le Chott-Chergui par son milieu, pour prendre ensuite la direction de Stittenn. Chemin faisant, avant de traverser le Ksel, nous avions rencontré les traces d'une immense émigration ; Stittenn avait été abandonné.

Le colonel Géry en conclut qu'il n'obtiendrait aucun résultat, s'il ne s'avançait jusqu'à Rassoul.

A Rassoul, quelques goums qui nous suivaient depuis la veille tentèrent d'enlever les chameaux du convoi, qu'on avait laissé s'écarter du bivouac pour qu'ils pussent paître. On les reprit. La nuit venue, nous fûmes vivement fusillés de la ville, tandis que de nombreux voleurs cherchaient à se glisser dans notre camp ; des embuscades les déconcertèrent.

Le lendemain, par représailles, Rassoul fut détruit en partie. Comme ce n'était pas là un succès bien satisfaisant, il fut résolu que nous pousserions jusqu'à Bérézina, ksour et oasis de palmiers, à la limite du petit et du grand désert.

C'était oser beaucoup, car le nombre de jours de vivres dont nous disposions était déjà à peine suffisant pour regagner Tiaret, le moins éloigné de nos postes-magasins.

Évitant Teniet-el-Temeur, col célèbre par une défaite des Turcs et qui nous eût été disputé, nous passâmes plus à l'ouest par le lit à sec et encaissé de l'Oued-Mecheria et prîmes notre camp sur des sources salées. La chaleur était excessive. Il fut distribué un litre d'eau par homme.

La nécessité d'arriver aux sources de bonne heure le lendemain nous fit partir dans la nuit. Les gens du pays, qui rôdaient autour du camp, ayant surpris notre mouvement, coururent nous attendre au passage dangereux, mais obligé du Reneg de Mecheria, où leur fusillade nous coûta une dizaine d'hommes. Nous atteignîmes cependant l'eau dans la matinée.

Pour ne pas laisser le temps aux habitants de Bérézina, dont nous n'étions plus qu'à une petite journée, d'enlever ce que leur ksour pouvait contenir, le colonel Géry voulut s'y rendre dans l'après-midi même, malgré une chaleur excessive. Nos guides ne connaissaient plus le pays.

Un homme de Bérézina était venu à nous comme espion sans doute, bien qu'il s'annonçât comme parlementaire ; on voulut le contraindre à nous conduire, il nous égara. Le capitaine Deligny, chargé des affaires arabes de la colonne, ayant reconnu la ruse, lui brûla la cervelle.

La journée s'avançait ; il fallut prendre le parti de rétrograder sur El-Arouïa, lieu de la grande halte, pour y passer la nuit.

Nous ne parvînmes à Bérézina que le lendemain, après avoir forcé, sous le feu de deux à trois cents fantassins, un passage étroit, véritable porte dans la dernière chaîne des hauteurs qui précèdent le Sahara. Nous eûmes pendant deux lieues environ à longer cette chaîne, en la laissant à notre droite. A gauche, le regard s'étendait à l'infini sur cet océan de sable dont les oasis sont comme les îles, points d'atterrissement bénis qui recèlent les plus précieux trésors du désert, les sources et les puits.

Nous campâmes sous les magnifiques dattiers de l'oasis de Bérézina. On y compte 200 maisons en terre dont quelques-unes ont un premier étage, tristes réduits entassés les uns sur les autres et enfermés dans une enceinte de forts détachés, également en terre.

En voulant reconnaître les environs, le colonel Géry, le lieutenant-colonel O'Kéef, du 56e, le commandant Favas des spahis, le capitaine Deligny, deux Arabes et moi, nous nous trouvâmes tout à coup vis-à-vis des cavaliers ennemis. Une colline nous séparait, de sorte que nous ne distinguions que quelques têtes ; mais, de même, notre faible nombre ne pouvait être reconnu.

De part et d'autre on s'arrêta pour s'observer; un de nos Arabes, s'étant un peu avancé vers la gauche, vint nous dire que nous avions devant nous, à moins de deux cents pas, deux à trois cents cavaliers le fusil haut et paraissant incertains de ce qu'ils devaient faire.

Nous étions à plus d'un kilomètre de nos grand'-gardes. Si nous faisions un pas en arrière, nous étions chargés, pris et tués, car nous n'eussions pas abandonné le colonel et le lieutenant-colonel l'un et l'autre peu solides en selle.

Profitant d'un pli de terrain, le capitaine Deligny fit tout ce qu'il y avait à faire. Il courut au camp chercher la cavalerie.

Avant l'arrivée de celle-ci il se passa douze ou quinze minutes qui nous parurent très longues; une fois en force, nous nous jetâmes sur l'ennemi et, après une poursuite dans laquelle il tenta plusieurs retours offensifs, la journée se termina par la prise de douze à quinze chevaux.

Je distinguai dans cette prise une jument très remarquable. Elle fut plus tard envoyée au haras de Mostaganem, où elle reçut le numéro 1 de mérite comme poulinière et fut immatriculée sous le nom de Medrina.

Le 1er mai, nous quittâmes Bérézina en faisant sauter ses faibles remparts, dont les débris remplirent l'air d'immenses gerbes de poussière. Le soir, nous crûmes à une attaque; mais ce ne fut qu'une alerte et une simple démonstration suffit à faire disparaître le rassemblement que nous avions devant nous.

Le lendemain, nous rencontrâmes la petite armée des Oulad-Sidi-Chigr. En vrais chevaliers, ils nous envoyèrent un cartel pour la matinée suivante; nous n'attendîmes pas si longtemps pour nous y rendre.

A trois heures de l'après-midi, le colonel, laissant son camp dressé, marcha sur eux. Ils montrèrent d'abord beaucoup d'ardeur et de courage et rejetèrent même sur nous nos Arabes décontenancés; mais, étonnés par le feu et par la solidité de notre infanterie, ils ne tardèrent pas à fuir dans toutes les directions.

Nos spahis et nos chasseurs de France se mirent sur leurs traces; les premiers achevèrent la déroute de l'infanterie, qui laissa sur place ses armes et ses provisions; les chasseurs ramenèrent quelques chevaux.

Le lieutenant qui commandait les spahis, M. Grandperrin, officier des plus estimés pour son coup d'œil et sa bravoure, blessé dans le combat, dut être amputé d'un bras.

Cette belle affaire nous valut de repasser, sans combattre, le long défilé qui nous avait amenés de Rassoul et qu'il fallait traverser dans notre retour.

La marche sur Bérézina nous avait montré les abords du Sahara. Dans ces steppes immenses où l'eau est déjà si rare, la végétation dominante ne consiste qu'en une espèce de thym dont les moutons et les chameaux se nourrissent. Ceux-ci, ne buvant qu'à certains intervalles, vont au loin chercher les denrées et l'eau nécessaires à la vie des hommes et des

chevaux, le plus souvent abreuvés du lait des cha-
melles.

C'est au moyen des chameaux, que les nomades
exécutent leurs fréquents déplacements de campement, qu'ils vont opérer leurs échanges dans les
oasis du sud et sur les marchés du Tell, trouvant du
charme à leur existence et acquérant par leurs troupeaux des richesses considérables, dans le parcours
de ces espaces désolés à nos yeux.

Sous ce grand ciel brûlant, sans nuage, d'un bleu
foncé, notre colonne paraissait comme un point. Elle
tenait bien peu de place aussi, près de ces immenses
soulèvements aux arêtes verticales, aux crêtes héris-
sées, dont le roc, couvert d'une couche ferrugineuse
appliquée par fusion, réfracte au loin les rayons d'un
soleil de feu.

Le spectacle nouveau de cette nature grandiose et
sévère m'impressionna vivement.

De Rassoul, nous gagnâmes l'Oued-Sidi-Nasseur,
avec l'intention de rentrer dans le Tell par Frendah.
Le terme de nos vivres approchant, le colonel envoya
plusieurs courriers en demander à Tiaret, où commandait le chef de bataillon de Pontevès.

A cinq journées de ce poste, nous reçûmes à
temps un convoi qui nous en était expédié par des
chameaux des Harrars.

Le lendemain, à Reney-Souk, nous essuyâmes un
orage des plus violents; le bruit du tonnerre était
épouvantable, la foudre tombait à chaque instant en
même temps qu'une grêle si forte, que les grêlons per-

çaient nos tentes et que plusieurs chevaux, atteints à la tête, tombèrent étourdis. La plupart, effrayés, rompant leurs entraves, s'échappèrent de tous côtés, renversant les faisceaux et les abris des troupes.

Trois jours après, nous atteignions Frendah.

La carte et le mémoire que j'avais dressés pendant l'expédition me valurent des remerciements du maréchal Soult, ministre de la guerre, qui fit reproduire en partie le mémoire dans son compte rendu aux Chambres de la situation de l'Algérie.

Si, d'ailleurs, une bonne topographie a quelque intérêt pour la suite des opérations militaires et elle en a beaucoup, c'est surtout dans le Sahara, où, comme sur mer, il faut pouvoir se conduire à la boussole.

J'en fis une fois l'heureuse expérience dans le Tell, pendant la dernière campagne du Maroc.

Ayant eu à diriger la tête de la colonne du maréchal Bugeaud, dans la plaine de la Mouïlah, par un brouillard très épais, je m'en tirai à mon honneur, malgré mes guides complètement désorientés, en faisant marquer à l'aiguille la série des angles relevés sur un itinéraire, que j'avais exécuté dans la même plaine quelques jours auparavant.

En approchant de Frendah, nous avions appris que le général de Lamoricière n'en était lui-même qu'à une petite journée.

Dès que le général avait pu se mettre en communication avec le colonel Géry, il l'avait renvoyé précipitamment à Mascara pour faire reposer ses troupes et m'avait rappelé auprès de lui.

J'y appris qu'à la nouvelle de notre expédition dans le sud, avec des forces aussi peu considérables, Abd-el-Kader avait quitté Missiouine pour se rendre chez les Oulad-Sidi-Chigr. Heureusement, la défaite de ceux-ci avait dérangé ses projets. Il avait, toutefois, continué vers l'est, ralliant à lui les tribus du petit désert, qui, un moment, avaient incliné à se soumettre à nous et dont nous avions même reçu les ouvertures. On le disait arrivé jusqu'à Stittenn.

C'est sur ces renseignements que le général de Lamoricière, inquiet du sort de la colonne Géry qu'il savait au bout de ses vivres, était accouru à Frendah afin de nous appuyer au besoin et de protéger les tribus limitrophes des hauts plateaux, particulièrement les Harrars, dont nous venions d'user si utilement pour nous ravitailler.

Deux jours plus tard, Abd-el-Kader eût arrêté leur convoi et nous eussions été dans la nécessité de manger nos chevaux pour ne pas mourir de faim.

Le général de Lamoricière fit plusieurs marches et contremarches rapides, qui nous portèrent à Aïn-Tamettit, à la pointe du Chott-Chargui, d'où nous revînmes par les Assassenas et le Mechattet-Ma à Saïda, pour la récolte des foins.

Abd-el-Kader, voyant ses démarches surveillées, s'était enfoncé dans le sud, d'où il finit bientôt par retourner au Maroc. En effet, nous étions sur nos gardes de toutes parts.

Après avoir touché à Mascara, le colonel Géry s'était reporté chez les Sdamas, à deux journées de Tiaret et des Harrars ; la zone de Saïda se trouvait couverte par une petite colonne aux ordres du colonel Mouret, le colonel Gachot manœuvrait autour de Sidi-bel-Abbès ; un petit camp établi à l'Oued-Chouly surveillait, dans la subdivision de Tlemcen, les débouchés de l'Isser, tandis que le général Cavaignac portait de nouveaux coups aux Beni-Bou-Saïd et aux Beni-Snous ; enfin à l'extrémité est, le général de Bourjolly expéditionnait chez les Flitas, dans la vallée du Chélif et dans la partie occidentale du Dahra.

Ces dispositions firent sentir au général de Lamoricière toute l'utilité d'un chemin de ceinture qui réunirait les postes-magasins de la frontière sud du Tell et il fit au gouverneur général la proposition d'ouvrir ce chemin, au moyen d'un crédit de 20,000 fr. qui lui fut accordé.

Presque immédiatement, on se mit à l'œuvre sur cette longue ligne pour laquelle je dressai le projet général du tracé. L'étude d'un grand système de communications à ouvrir dans la province d'Oran date de cette époque.

C'est ainsi que le général de Lamoricière remplissait toujours ses heures de bivouac, l'esprit constamment tendu par la pensée de ce qui pouvait assurer notre domination et préparer l'avenir de la province d'Oran.

Ayant assuré la défense du Tell, il se porta de Saïda par Ouïsen, chez les Oulad-Selimah, puis à Sidi-bel-Abbès, d'où il se rendit à Oran.

J'y fus placé à la tête d'un bureau, spécialement

chargé de compléter la statistique de la province ; j'eus en même temps pouvoir pour délivrer des titres de concession dans le nouveau village dit Medina-Djedida, que, par ordre du général, je venais de tracer en avant de la lunette Saint-André, près d'Oran. Il devait abriter et réunir les indigènes, Arabes et nègres, dispersés jusque-là dans les décombres, les fossés, les vieux silos et fours à chaux des environs de la ville dans laquelle la plupart exerçaient quelque petite industrie, comme porteur d'eau, manœuvre ou tout simplement voleur.

J'avais obtenu à cette époque la permission de parcourir la côte de l'ouest, avec le commandant supérieur de la marine en Algérie, le contre-amiral Rigodit.

Nous visitâmes ainsi les présides espagnols de Melillia, d'Albucémar et Gibraltar. L'état de la mer nous empêcha d'aller à Tetouan et à Tanger et de Gibraltar, nous dûmes revenir directement à Mers-el-Kébir.

Le général de Lamoricière avait quitté Oran le matin même du jour où nous y arrivions, appelé à Alger pour faire l'intérim du gouvernement général, le maréchal se rendant, en congé, en France.

Le général de Bourjolly, qui commandait à Mostaganem où le lieutenant-colonel Mellinet le remplaça, eut ordre de venir faire l'intérim à Oran ; je pris auprès de lui les fonctions de chef d'état-major, le colonel de Crény étant allé se marier en Normandie.

En même temps, le commandant Bosquet obtenait un congé et laissait le bureau arabe de Mostaganem au capitaine de Marolles.

Ces mouvements dans tout le personnel du commandement devaient bientôt augmenter les embarras prêts à se produire et dont une confiance, en général, beaucoup trop grande dans la soumission des tribus ne nous laissait pas deviner le degré de gravité.

CHAPITRE XV

La subdivision de Tlemcen, toujours commandée par le général Cavaignac, n'était pas tranquille.

Abd-el-Kader, campé sur la rive gauche de la Moulouïa, avait pris un ascendant considérable dans la contrée du Maroc qui s'étend depuis le Rif jusqu'à la frontière de l'Algérie et s'était mis en relations avec les tribus du Sahara marocain, auxquelles se trouvaient mêlées plusieurs tribus insoumises du Sahara algérien.

Son influence à nos portes devait inévitablement réagir sur nos tribus.

Bientôt, en effet, les Oulad-Mellouk et les Douï-Saïa quittèrent en partie notre territoire ; les Beni-Bou-Saïd, les Beni-Snous, les Mésirda, cessèrent à peu près leurs relations avec l'autorité française, et deux des grandes fractions des Traras refusèrent ouvertement l'impôt.

Déjà les Oulassa, dont Bou-Amedi, l'ancien kalifa d'Abd-el-Kader dans l'ouest, était originaire, s'étaient mis en pleine insoumission et l'on ne connaissait que trop le retour à une bonne entente de notre agha des Rossels, Muley-Chigr, avec l'émir.

Autour de Sebdou, les Oulad-Ouriach ; autour de Sidi-bel-Abbès, les Beni-Amer ; près d'Aïn-Témouchent, les Oulad-Kralfa ; étaient depuis longtemps connus par leurs mauvaises dispositions ; une sourde et menaçante agitation régnait aussi chez les Flitas.

Précédemment, des diminutions notables avaient eu lieu dans l'effectif des troupes de la province, par la rentrée en France de plusieurs régiments ; les Arabes n'avaient pas manqué de s'en apercevoir ; ils savaient également que le général de Lamoricière, dont ils avaient une crainte salutaire, n'était plus à Oran et enfin, ils commentaient le voyage en France du maréchal Bugeaud.

L'adoption du projet d'ouverture d'une route de ceinture sur la limite du Tell et des hauts plateaux avait eu pour conséquence la formation simultanée de plusieurs petits camps de travailleurs. Les forces disponibles des subdivisions de Mascara et d'Oran se trouvaient ainsi très divisées.

Oran avait à peine assez de monde pour garder son enceinte et ses postes extérieurs et il n'y avait à Djemâa-Razaouat qu'un bataillon de chasseurs à pied, le 8ᵉ, avec un escadron du 2ᵉ hussards, ce qui était trop pour la garde et trop peu pour les courses que le colonel de Montagnac entreprenait assez souvent.

Sur ces entrefaites, après avoir visité le barrage du Sig de récente construction, le général de Bourjolly, déléguant au général Thiéry l'expédition des affaires de la division, s'était rendu à Mostaganem pour de là visiter les Flitas, ainsi que le général de Lamoricière lui en avait donné l'ordre en partant pour Alger.

De son côté, le général Cavaignac s'était décidé à marcher sur les Traras révoltés, avec cinq bataillons, six pièces de montagne et de la cavalerie, dont le rôle n'est d'ailleurs que secondaire dans tout pays très accidenté, si toutefois il n'est pas nul.

Le général comptait être rejoint chez les Traras par les troupes de Magrnia, grossies de celles de Djemâa-Razaouat et avait donné des ordres en conséquence.

Le colonel de Montagnac reçut ceux qui le concernaient, au moment où, abusé par de perfides renseignements, il sortait de la place avec ses faibles forces pour s'opposer à des défections et au besoin pour tenir tête à l'émir lui-même. Entraîné par son ardeur, il crut ne pas devoir obtempérer aux injonctions précises qui lui parvenaient de rallier le colonel de Barral.

Il alla de la sorte au-devant d'une fatale rencontre avec Abd-el-Kader, qui se portait de la frontière vers les Traras avec de nombreux contingents. Le 8ᵉ bataillon de chasseurs à pied et l'escadron du 2ᵉ hussards, engagés en détail, furent anéantis en avant du marabout de Sidi-Brahim, tandis qu'une compagnie de carabiniers laissée à la garde des bagages parvenait à s'enfermer dans le marabout.

Après s'y être vaillamment défendue pendant trois jours, sans eau et sans vivres, s'étant fait jour à la baïonnette, elle approchait de Djemâa-Razaouat sous la conduite du capitaine de Géreaux, lorsque, épuisée de fatigue et assaillie de toutes parts à hauteur du village des Ouled-Ziri, elle subit une destruction presque complète,

En voulant joindre le colonel de Montagnac, le colonel de Barral avait failli éprouver le même sort. Prévenu à temps de ce qui s'était passé, il ne put que se jeter précipitamment dans le fort de Magrnia, au lieu de revenir vers le général Cavaignac, qui, après deux jours de lutte avec les Traras, fut obligé de prendre le parti de regagner Tlemcen.

Toute cette subdivision était insurgée et une série s'ouvrait, de déplorables événements.

Le 27 septembre, 250 hommes destinés à renforcer la garnison d'Aïn-Témouchent, trahis par la lâche conduite du lieutenant Marin, mettaient bas les armes à quatre kilomètres de ce poste, près du marabout de

Sidi-Mousa et étaient emmenés prisonniers avec les blessés de Sidi-Brahim.

A Sebdou, le commandant Billault, attiré dans une embuscade, était massacré avec le chef de bureau arabe et son escorte, par les Oulad-Ouriach. Nos ponts sur l'Isser et la Tafna étaient brûlés ; les Beni-Amer, après avoir incendié leurs moissons et même les herbes sèches, fuyaient au Maroc.

Autour d'Oran, nos Douairs et nos Smélas étaient eux-mêmes en fermentation ; les Djafras s'éloignaient de Daya après avoir échoué dans leur tentative de tuer le commandant Charras ; les Garabas bloquaient de fait, quoique sans hostilités ouvertes, Saint-Denis du-Sig.

Les communications d'Oran avec Mascara et avec Sidi-bel-Abbès étaient interrompues.

Le poste-magasin inoccupé d'Ouisert, où se trouvaient des vivres et des fourrages, était réduit en cendres ; les Ferragas attaquaient et pillaient un convoi sur la route de Mascara ; l'insurrection était chez les Beni-Chougran et s'étendait à toute la montagne d'El-Bordj et aux Borgias de la plaine.

Nos camps de travailleurs, pour se retirer dans les places les plus voisines, traversaient, le fusil à la main, les populations hostiles.

Un sultan était proclamé à Calâa, un autre chez les Sdamas, un troisième chez les Flitas.

Près de Saïda, un caïd et des indigènes qui nous étaient dévoués tombaient assassinés ; à Saïda même, une tentative d'incendier le gros approvisionnement de foin formé sur ce point échouait heureusement.

Le chef du bureau arabe de Tiaret, le lieutenant de Lacotte, était arrêté par trahison chez les Beni-Median, qui égorgeaient ses chasseurs d'escorte et le livraient à l'émir; la smala de Tiaret, composée d'Arabes qui nous devaient tout, déserta tout entière; les Harrars et les Oulad-Grélif en firent autant.

Enfin, le général de Bourjolly, qui s'était porté chez les Flitas exaltés par Bou-Maza, eut avec eux une première affaire à Hammam-beni-Isad, où il empêcha à grand'peine le bataillon du commandant Mauselon de la légion étrangère, rappelé par lui du krémis des Beni-Ouragr pour un mouvement combiné, d'être accablé.

Voyant que la position devenait très critique, le général de Bourjolly rétrograda le lendemain sur la Mina, soutint une nouvelle attaque près de Sidi-Tifour et dut se résigner à prendre, près du barrage de Relizane, une position défensive, tandis que tout était en feu autour de lui et que ses communications cessaient d'être libres avec Mostaganem.

Grand enseignement qu'il ne faut pas perdre de vue; une pareille situation s'était déclarée en moins de huit jours!

Le général Thiéry, informé à Oran, par une dépêche expédiée de Nemours par bateau, du départ du colonel de Montagnac et des inquiétudes que l'absence de ses nouvelles faisait concevoir, m'avait envoyé immédiatement savoir ce qu'il en était et examiner l'état de défense de Nemours.

J'acquis, en y débarquant, la certitude du désastre de Sidi-Brahim. Deux ou trois hommes de la compagnie Géreaux, échappés à sa destruction, l'avaient fait connaître. Le capitaine Féray, venu d'Oran avec moi, recueillit les renseignements qu'ils pouvaient donner, tandis que je visitais la place et que j'y installais comme commandant supérieur le colonel Quilico, que j'avais amené dans cette prévision.

Cela fait, je me rembarquai pour Oran et je rédigeai mon rapport pendant la traversée. Le ministre de la guerre le fit publier et c'est ainsi que les déplorables événements de Sidi-Brahim furent connus en France, où ils causèrent la plus douloureuse émotion.

Au cours de mon absence, le colonel de Crény, chef d'état-major de la division, était revenu de congé : le général Thiéry étudia aussitôt avec lui les mesures à prendre pour parer aux embarras du moment.

Le premier soin fut de prévenir, en France et à Alger, le commandement de ce qui se passait, car les troupes mobilisables manquaient dans la province et il ne s'en trouvait, en très petit nombre d'ailleurs, qu'à Oran. Elles furent aussitôt mises en mouvement et le général Korte se dirigea vers Sidi-bel-Abbès pour protéger le ralliement des travailleurs du chemin de ceinture entre Daya et Sebdou. Il devait ensuite se rabattre sur le versant sud du Tessalah, afin de s'opposer aux progrès de l'émir à l'est et de rassurer les Douairs et les Smélas en couvrant Melata.

Au milieu de cette tourmente, le colonel Géry, en soldat audacieux, se rendait à Tiaret avec quatorze com-

. pagnies seulement de son brave 56ᵉ et pour en débar-
rasser cette place, qui n'aurait pu le conserver, il en
ramenait, au milieu d'une fusillade incessante de cinq
jours, un troupeau immense qu'il fit entrer heureusement dans Mascara. Il y rapportait en même temps une
somme d'argent considérable, produit d'une amende
sur les Harrars.

Cette opération à peine achevée, il livrait à Ti-
liouanet un combat sérieux contre toute la montagne
d'El-Bordj insurgée ; le lendemain, il se retournait
contre les Beni-Chougran et les allait chercher dans
leur pays presque inaccessible.

Mais ici, un succès douteux, acheté par de fortes
pertes, le réduisit à l'impuissance de s'éloigner désormais de Mascara dont les avenues étaient bloquées.

Vingt-quatre heures après la réception des dépêches qui lui annonçaient l'événement de Sidi-Brahim
et la situation du général de Bourjolly, le général de
Lamoricière s'était embarqué à Alger avec quatre
bataillons. Il toucha d'abord à Mostaganem et y
déposa deux bataillons ; mais bientôt, faisant la
réflexion que la source du mal était où se trouvait
Abd-el-Kader, il reprit les deux bataillons mis à terre
et les amena à Oran avec lui, comme les deux autres.

Deux jours après, donnant rendez-vous au général
Korte au Rio-Salado, il était en route pour Tlemcen
avec une force déjà respectable, tandis que le général
Cavaignac se rendait de Tlemcen, par Magrnia, au col
de Thaza où nous fîmes jonction avec lui.

Nous commencions ainsi la campagne la plus remarquable qu'avec celle de Mascara, en 1841 et 1842, le général de Lamoricière ait conduite.

Son premier soin fut d'aller prendre des vivres à Nemours. Nous en sortions pour marcher sur Nédromah, lorsque les Beni-Ménir, poussés par des réguliers, se jetèrent sur notre flanc gauche.

Les cinq bataillons et deux escadrons de chasseurs prirent l'offensive contre eux et contre des contingents nombreux échelonnés en arrière. Ils furent bousculés et nous couchâmes sous Nédromah. Abd-el-Kader, des hauteurs d'Aïn-Kébira, avait assisté à l'engagement, mais sans y prendre aucunement part.

Le jour suivant, nous nous dirigeâmes sur Aïn-Kébira : 3,000 à 4,000 Kabyles avaient pris position sur la chaîne des montagnes que la route laisse à gauche, de l'autre côté de la vallée. Le général Cavaignac fut chargé de les déloger, ce qu'il fit, sous les yeux de l'armée, avec trois bataillons qui gravirent les hauteurs occupées par l'ennemi, sous un feu meurtrier et l'arme au bras.

Un peloton de chasseurs d'Afrique, conduit par un très vigoureux officier, montait à leur hauteur ; dès qu'il eut atteint la crête, il la balaya par une charge d'une audace sans égale.

Le commandant de Carondelet, du 41ᵉ de ligne, fut blessé très grièvement, en précédant son bataillon dans l'enlèvement d'un dernier mamelon ; il eut un œil crevé d'une balle. On perdit deux officiers ; une quarantaine d'hommes furent tués ou blessés.

Toute la division atteignit dans la même journée

Aïn-Kébira sans autre résistance, et s'y trouva concentrée avant le coucher du soleil.

Le général de Lamoricière, voulant en finir avec les Traras, prit ses dispositions pour pénétrer au cœur de leur pays. Il bivouaqua d'abord à Sidi-el-Raouen, d'où il se porta sur Bab-el-Hadid, défilé difficile que les Kabyles défendirent vigoureusement et dont l'attaque fut confiée au 41ᵉ de ligne commandé par le colonel de Mac-Mahon.

La résistance se prolongeant, sur les indications d'un enfant qui servit de guide, un mouvement tournant exécuté par trois bataillons aux ordres du colonel Chadeysson fit tomber la défense de Bab-el-Hadid. Dès lors la montagne nous fut ouverte, les Traras se mirent en retraite dans toutes les directions, se hâtant en longues files dans leurs sentiers étroits ; ils s'avouaient vaincus.

Abd-el-Kader n'avait pas plus pris part à ce combat qu'au précédent : cependant, c'était à sa voix que les Traras avaient entamé la lutte qui leur coûtait tant de sang et qui livrait à l'incendie et à la dévastation leurs montagnes jusque-là réputées inexpugnables.

Ils en étaient atterrés au point que l'homme assis au seuil de sa maison ne levait même pas les yeux sur les soldats qui y pénétraient pour la piller.

Le général de Lamoricière ne voulut pas abandonner aux représailles de ses troupes, exaspérées du massacre de Sidi-Brahim, cette population réduite au désespoir, parmi laquelle les Rossel et une partie des

Beni-Amer s'étaient réfugiés; elle était acculée à la mer et pas un être n'aurait échappé.

Décidé à user d'indulgence, le général se contenta des paroles de soumission des chefs et, comme signe de cette soumission, de l'hommage de quelques chevaux.

Rien ne l'empêchait plus dès lors de se tourner contre Abd-el-Kader lui-même et ce fut là le réel et très juste motif d'une générosité mal comprise des uns et aussi, mal interprétée à dessein, par d'autres.

Après avoir campé près du célèbre sommet aplati appelé Tadjera, nous descendîmes par les Beni-Ménir au-dessous de Nédromah. Pendant la nuit, je conduisis avec quatre escadrons nos blessés à Nemours et j'en rapportai le lendemain des vivres sur les cacolets déchargés.

Dès que j'eus rallié la division, elle se mit en marche pour Magrnia.

L'émir était descendu d'Aïn-Kébira vers la Moulouïa, en avait incendié le pont et se dirigeait vers l'est, pour se jeter sur les tribus des plaines basses.

Le général de Lamoricière ne songea plus alors qu'à arriver en même temps que son adversaire, avant lui, même, si c'était possible, au col des Oulad-Ali : de manière à couvrir les plaines menacées et à secourir Sidi-bel-Abbès. Du reste, à l'exception des Oulad-Ali et de quelques Azedj, toute la tribu des Beni-Amer avait, je l'ai dit, quitté son pays.

Notre marche fut si bien réglée que nous arrivâmes au Sarno, au moment où Abd-el-Kader atteignait la Mekerra.

Cette première partie de ses projets ainsi déjouée, l'émir allait évidemment chercher encore à nous gagner de vitesse sur Mascara. Nous en prîmes aussitôt le chemin, en passant par le Sig. Le général y régla les affaires des Garabas, dont l'agha fut arrêté de même que le caïd de Taallaït, à cause de ses relations avec Abd-el-Kader.

Nous avions alors dans notre camp un homme dont il a déjà été question, Caddour-ben-Morfy des Borgias. Longtemps et à juste titre tenu en suspicion, il comprenait à présent que les Arabes ne pouvaient plus se soustraire à la domination française et que ce qu'il y avait de mieux à faire était de la seconder.

L'occasion de donner la preuve de ses intentions ne pouvait être meilleure, il ne la laissa pas échapper. Il se chargea donc de porter, de la part du général, des promesses d'amnistie et des conseils d'abord dans sa propre tribu. Il réussit dans sa mission et l'exemple des Borgias exerça immédiatement son influence autour d'eux.

Cependant, les routes de Mascara à Oran et à Mostaganem restaient interceptées, d'un côté par les Ferragas, de l'autre par les Beni-Chougran. Arrivé à Mascara, le général de Lamoricière réussit à déterminer ces deux tribus à se soumettre, tout en leur imposant une forte contribution de guerre, sans préjudice des désintéressements auxquels auraient droit quelques convoyeurs, pillés sur leurs territoires au moment de l'insurrection.

Les routes d'Oran et de Mostaganem ainsi rouvertes, Mascara se trouva de nouveau approvisionné.

Pour récompenser Caddour-ben-Morfy de son succès, le général de Lamoricière le nomma agha de la montagne d'El-Bordj, dont il retira le commandement à l'agha des Beni-Chougran qui s'était montré faible. Caddour se saisit avec habileté et vigueur de sa nouvelle autorité.

Le calme était donc ramené au nord de Mascara, mais le sud et le sud-est de cette subdivision étaient en pleine insurrection.

Quand l'orage avait éclaté, le colonel Géry y avait fait tête aussi longtemps que possible, puis il avait dû y céder. Il en conservait un amer ressentiment; son chef de bureau arabe, le capitaine Deligny, n'était pas moins animé que lui contre les tribus parjures et tous les deux, portés à sévir, l'avaient donné à comprendre par de telles menaces que, les illusions de la révolte dissipées, nul n'osait se présenter devant eux tant était grande la crainte du châtiment.

Le général de Lamoricière, qui venait d'agir avec une modération calculée très heureuse dans ses résultats, en voulut faire l'essai avec les Sdamas dont les chefs avaient eu de nombreuses relations avec lui. De leur soumission semblait d'ailleurs devoir résulter celle des populations circonvoisines et particulièrement des Hachem-Cheragas. Nous partîmes donc pour les Sdamas précédés de promesses d'indulgence.

Pendant ce temps, le général de Bourjolly avait repris l'offensive dans la Mina. Il s'y passa un joli fait.

Le colonel Tartas qui commandait la cavalerie,

s'étant trouvé dans un fourrage, en face de Bou-Maza à la tête d'un gros rassemblement, n'hésita pas à le charger, après avoir donné à ses braves cavaliers du 4e chasseurs leur point de ralliement *derrière l'ennemi.* Ils traversèrent en effet ses lignes et remplirent de point en point le programme de leur audacieux colonel.

De son côté, le maréchal Bugeaud, revenu de France à la hâte, descendait le Chélif, tandis que le colonel de Saint-Arnaud frappait des coups redoublés autour d'Orléansville.

Placé à la tête de la subdivision de Mostaganem, au départ du général de Bourjolly nommé lieutenant-général, le colonel Pélissier, quittant l'état-major général dont il était le sous-chef, allait concourir à comprimer la révolte ; il avait près de lui, comme chef des affaires arabes, le commandant Bosquet.

Je n'essayerai pas de suivre les opérations qui se firent dès lors dans le Dahra et chez les Flitas. La fortune nous rendait partout ses faveurs ; cependant, la démarche du général de Lamoricière vis-à-vis des Sdamas n'eut aucun succès ; ils étaient encore sous l'action de plusieurs exaltés, il fallait en venir aux moyens de rigueur.

Nous commençâmes par reprendre des vivres à Mascara.

J'y trouvai ma nomination de lieutenant-colonel : elle me surprit. Je sus plus tard que le maréchal Soult, en quittant le ministère de la guerre en même temps qu'il s'éloignait définitivement des affaires, avait voulu me donner ce dernier témoignage de sa haute bienveillance.

Je fus alors nommé chef du service topographique de l'Algérie, mais le maréchal Bugeaud alla au-devant de mon désir, en me laissant à la disposition du général de Lamoricière.

Après avoir renouvelé nos vivres, nous avions repris le chemin du pays des Sdamas avec 8 bataillons, 4 escadrons et 4 pièces. Mon grade rendant facile de me donner le commandement de colonnes légères, je fus, pendant les opérations qui suivirent, chargé fréquemment de missions dans lesquelles j'eus la satisfaction bien vive de conduire de la troupe au feu.

Au second jour de marche, en arrivant à l'Oued-Zelamta, nous aperçûmes les quatre sultans des Sdamas, des Flitas, des Hachem et des Beni-Ouragr. Ils couronnaient, enseignes déployées, avec 300 à 400 cavaliers, les collines de la rive droite du ruisseau.

Le général me donna l'ordre de les attaquer avec la cavalerie. A bonne distance, je fis prendre la charge; ils nous envoyèrent quelques coups de fusil et tournèrent bride; je les poussai pendant trois lieues.

Le soir, nous aperçûmes des feux au nord du camp; à minuit, je partis avec trois bataillons et toute la cavalerie et au petit jour j'avais devant moi la tribu entière des Tenmasnias. Surprise presque endormie, elle fut d'abord traversée par la cavalerie, puis livrée à l'infanterie. Les soldats, ardents à tirer vengeance des excès de l'insurrection, n'épargnaient rien ni per-

sonne et j'eus beaucoup de peine à faire cesser l'effusion du sang.

Je rejoignis le général sur l'Oued-el-Haddad, ra-
menant de ma razzia un beau troupeau de bœufs et
de moutons dont la vue causa aux troupes un vif
plaisir.

La colonne s'étant avancée par une marche de
nuit, pour surprendre les Hachem réfugiés sur les
bords de l'Oued-el-Abd, traversa cette rivière dans
l'après-midi sans avoir obtenu le résultat qu'elle espérait. Elle prenait son bivouac, lorsque le général de
Lamoricière remarqua sur la terre des traces très fraî-
ches d'une émigration ; il m'ordonna de les suivre avec
la cavalerie.

A l'entrée de la nuit, j'atteignis dans un ravin profond quelques fuyards : c'étaient des Hachem-Cheragas.
Le lendemain, la grosse fraction que nous poursuivions
depuis l'avant-veille vint demander l'aman.

Quant aux sultans, ils s'étaient dirigés vers Frendah.

Du col de la Magden, où elle avait campé, la division se porta par les plateaux sur l'Oued-el-Tat infé-
reur, en longeant jusqu'à Mechera-Afsa les pentes
boisées du flanc gauche de la vallée de la Mina.

Après quelques marches et contremarches, nous
débouchions sur Medrossa, chargés de grains recueillis
dans la matinée à des silos voisins de la route, quand
nos éclaireurs nous apprirent la présence de Bou-
Maza.

Prévenu d'avoir à prendre aussitôt les devants
avec quatre escadrons, deux de spahis, un du 4ᵉ chas-

seurs d'Afrique et l'autre du 1er chasseurs de France, je trouvai bientôt Bou-Maza en bataille, avec 350 à 400 chevaux.

Mes escadrons de tête dessinaient pour le joindre un mouvement tournant, quand l'ardeur du commandant de l'escadron de chasseurs d'Afrique en queue de colonne l'entraîna à marcher directement sur l'ennemi, au lieu de se conformer au mouvement général.

Sur cette menace, Bou-Maza commença sa retraite. Nous le suivîmes aussi rapidement que possible ; mais nos chevaux chargés d'orge, et qui venaient de fournir une course prolongée aux allures vives, étaient hors d'haleine. Je jugeai sage de faire prendre le pas pour rallier mon monde, afin de continuer le mouvement sans rien compromettre.

Peu de temps après nous tombions au milieu d'une émigration nombreuse, gens, convois, troupeaux, que Bou-Maza nous abandonnait sans essayer de les défendre. Six mille moutons, de gros bétail, des bêtes de somme, restèrent ainsi entre nos mains.

Bien malheureusement, je ne connaissais pas suffisamment la topographie de cette partie du pays et la prudence me fit renoncer à une poursuite qui eût été cependant le très heureux complément de cette affaire. En effet, le plateau sur lequel nous venions d'arriver se terminait, à un kilomètre de nous, par un escarpement où ne se rencontraient que quelques descentes très difficiles.

Acculés à l'une d'elles, Bou-Maza et ses cavaliers s'y étaient précipités en abandonnant leurs chevaux.

Quand ils virent qu'on ne les poursuivait pas, ils revinrent les chercher.

La fuite de Bou-Maza, qui avait fait partout des promesses de vaincre, le déconsidéra aux yeux tardivement ouverts des Sdamas et des Aouaret.

En cette journée, après m'avoir lancé avec la cavalerie, le général de Lamoricière m'avait suivi lui-même avec l'infanterie pour m'appuyer : impatient de savoir ce qui se passait, il précéda sa tête de colonne plus qu'il n'était prudent de le faire et fut au moment d'être enlevé.

Il me fit compliment du résultat obtenu, tout en m'adressant l'observation très juste que quelques cavaliers poussés en avant, quitte à les compromettre, eussent assuré le succès complet que j'avais laissé échapper.

Le surlendemain, en descendant sur l'Oued-el-Tat, nous fouillâmes les grottes des Rizanias et des Sdamas. Nous y trouvâmes un marabout des Aouaret auquel Bou-Maza avait fait couper la barbe en se servant d'un sabre comme rasoir ; le malheureux avait la figure toute déchirée et était dans un état d'exaspération extrême. Le général en profita pour obtenir de cet homme des renseignements importants.

Tous ses soins tendaient à rattacher les tribus qu'il soumettait à celles précédemment soumises ; il le faisait avec un discernement, une ardeur et une habileté, dont les annales de la guerre d'Afrique n'offriront probablement jamais de plus remarquable exemple.

La colonne attendit, sur les plateaux qui séparent l'Oued-el-Tat de l'Oued-Leghrone, les vivres que le colonel de Crény était allé cherché à Mascara, en y conduisant nos prises de Medrossa.

CHAPITRE XVI

En venant faire leur soumission, les Aouaret nous avaient confirmé la retraite, ou plutôt la fuite de Bou-Maza ; cette fuite et une grande battue de cavalerie sur les crêtes qui dominent Medrossa décidèrent les derniers dissidents des Sdamas à demander merci. La faim les pressait aussi et ils se désespéraient de voir leurs silos journellement vidés pour l'entretien de nos chevaux.

Le général n'accordait le pardon qu'au prix de payement à l'État de grosses amendes.

Voulant assurer l'avenir, il ordonna de relever l'enceinte de Frendah et y constitua, sous la garde d'une petite garnison, un approvisionnement de vivres pour toute colonne qui aurait ultérieurement à passer dans son voisinage. Enfin, après avoir visité Tiaret, il laissa le colonel Renault chez les Sdamas, pour assurer l'accomplissement des conditions qu'il leur avait imposées et se dirigea sur Saïda.

Nous étant, chemin faisant, jetés à gauche pour surprendre par une marche de nuit les dissidents campés sur le bord septentrional du Chott-Chergui, nous essuyâmes près de Saouze un temps affreux qui fit manquer l'expédition. Sous l'impression de cet insuccès nous regagnions tristement le Tell, lorsque le hasard nous fit tomber sur deux douars des marabouts des Harrars.

Envoyé à leur poursuite, je ne les joignis qu'après une course de plus de quatre lieues ; mais, le soir, quatre mille têtes de bétail entraient au camp.

Lorsque nous arrivâmes à Saïda, les Assessenas nous étaient presque entièrement revenus.

Cependant la saison d'hiver étant très rude, et les hauts plateaux se couvrant de neige, nous descendîmes au Mechattet-Ma pour achever la soumission de la Yacoubia ; une prise importante de troupeaux à la suite d'une marche de nuit la décida.

A notre retour sous Saïda, le général me confia la cavalerie et un bataillon, avec mission de châtier les Beni-Meniarine-Fouaga, qui avaient pillé de petits convois venant isolément de Mascara pour nous ravitailler ;

en dernier lieu, ils avaient même intercepté nos courriers.

Je réussis contre eux par la ruse. Je feignis d'aller à Mascara chercher des vivres et je fis demander à chaque tribu sur le chemin, à ces Beni-Meniarine comme aux autres, une vingtaine d'ânes comme moyens de transport.

Parti de Saïda en plein midi, j'arrivai vers le soir à hauteur de leurs campements dans la montagne. Je pris alors mon bivouac sur la rivière, sans laisser voir d'autre projet que de continuer ma route. Le lendemain matin, je fis sonner le réveil, le boute-charge et l'assemblée, au point du jour comme de coutume.

Rassurés par ces allures, qui n'étaient pas celles d'une troupe préparant un coup de main et cherchant à dissimuler son approche, les gens que je voulais frapper avaient déposé toute défiance, quand soudain, je pris à toute vitesse, avec la cavalerie, le chemin de leur repaire dans la montagne où j'arrivai avant qu'ils eussent eu le temps de déloger.

Ils se jetèrent dans les ravins en m'abandonnant leurs tentes : on y captura quelques individus et beaucoup de bétail. En somme, ils étaient bien châtiés.

Je rentrai dans la matinée à Saïda. Le général de Lamoricière y fut rejoint par la colonne du colonel Gachot, avec lequel se trouvait, pour la direction des affaires arabes, le capitaine Charras. Cette colonne allait opérer contre les Djafras.

Ailleurs la situation était celle-ci :

Le colonel Renault pesait toujours sur les Sdamas.

Nommé général, le colonel Géry se tenait au centre de sa subdivision pour maintenir autour de Mascara les résultats obtenus; Caddour-ben-Morfy y concourait en assurant l'obéissance des tribus de la montagne d'El-Bordj, de celles de l'est d'Eghris nouvellement ralliées et même de celles de Ceyrat.

Nos affaires ainsi rétablies, le général de Lamoricière résolut de se rendre à Oran où sa présence était nécessaire, pour quelques jours au moins.

Réglant, chemin faisant, les questions qui se présentaient, il remit le commandement de sa colonne avec ses instructions au général Géry. Leur exécution devait être le dernier effort de cet homme énergique, accablé de douleurs et d'infirmités, mais dont les souffrances ne parvenaient pas à vaincre l'ardeur.

Le général de Lamoricière me fit le devancer à Mascara, d'où sans m'arrêter je devais gagner Mostaganem, afin d'y organiser avec ce que j'y trouverais une colonne dont le colonel Tartas du 4e chasseurs, ou le colonel Vanheddegghem du 16e de ligne, aurait le commandement. Cette colonne devait prendre la campagne quarante-huit heures après mon arrivée ; j'y servirais près de son commandant comme chef d'état-major et comme directeur des affaires arabes.

J'emmenais avec moi un jeune officier d'état-major très capable, le capitaine Osmont.

Tout fut fait comme il m'était prescrit; je savais d'ailleurs qu'il n'y avait pas un moment à perdre.

Lorsque Abd-el-Kader s'était jeté dans l'est, le maréchal Bugeaud, craignant de le voir arriver à la

Metidja, avait pour détourner ce danger appelé à lui plusieurs colonnes. Celle que le général Pélissier, secondé par le lieutenant-colonel Bosquet, commandait dans la basse Mina avait subi ce mouvement d'attraction, laissant ainsi à découvert, et en prise aux attaques souvent audacieuses de Bou-Maza, les tribus de Sidi-Laribi campées à Bel-Hassel et même Mostaganem.

Bou-Maza, qui après son échec de Medrossa s'était en effet rejeté dans le Dahra, venait tout récemment de passer le Chélif et de s'avancer, avec un millier de cavaliers, jusque dans la vallée des jardins de Mazagran.

Le lieutenant-colonel Mellinet, sortant de Mostaganem, s'était porté à sa rencontre à la tête de 80 chasseurs à cheval du 4e chasseurs d'Afrique, n'avait pas hésité à l'attaquer et l'avait obligé à la retraite; mais la moitié de nos chasseurs avait payé ce succès de son sang. Pareille lutte se renouvelant, l'issue en pouvait être moins heureuse, d'autant que la défection gagnait chaque jour chez les Medgeers. Ceux de la rive gauche du Chélif seuls nous étaient restés fidèles et encore n'eût-il pas trop fallu s'y fier.

La colonne du colonel Vanheddegghem, car ce fut lui qui prit le commandement, comprenait deux bataillons de son régiment (le 16e de ligne), fraîchement débarqué de France; un bataillon de six compagnies, composé par tiers de compagnies du premier bataillon d'Afrique, du bataillon indigène et du 32e de ligne; deux pièces de montagne et un peloton du 4e chasseurs d'Afrique de vingt chevaux.

Il y avait, pour l'administration et l'ambulance, vingt mulets, dont la moitié seulement pouvait être affectée au transport des malades ou des blessés.

Dans le trajet de Mostaganem à Bel-Hassel où la colonne se rendait tout d'abord, les espions signalèrent à hauteur de l'Akboub, à deux lieues, dans la direction du Chélif, une fraction de Medgeers qui avait cessé d'obéir aux réquisitions de transport. Des amendes lui avaient été imposées, mais elle s'était refusée à les acquitter.

Près de là, établie sous des huttes, une petite bourgade de Hadars, servait de centre à un commerce clandestin entre Mostaganem et les tribus insurgées du Dahra, rendues ainsi indépendantes de nos marchés. Plusieurs fois ces Hadars, émigrés de Mostaganem, avaient été prévenus d'avoir à y rentrer et ils n'avaient pas obtempéré à cet ordre : néanmoins nous avions poussé jusqu'à Bel-Hassel sans nous arrêter.

En ayant exprimé le regret au colonel Vanheddegghem, il se ravisa.

Il revint donc de Bel-Hassel à l'Akboub par une marche de nuit et, le matin, tomba sur les gens qu'il voulait atteindre. Trop de sang fut versé, mais cet exemple eut pour résultat de donner à notre colonne un ascendant qui empêcha d'apercevoir sa faiblesse.

Une centaine de cavaliers de Sidi-Laribi nous avaient accompagnés ; ils firent un butin considérable qui releva l'ardeur de nos alliés et leur confiance.

Le lendemain nous descendîmes sur le Chélif et vînmes camper en vue de Surkelmitou ; les silos de ses environs nous fournirent de l'orge en abondance.

Notre colonne, placée à égale distance de l'embouchure du Chélif et de Bel-Hassel, était prête à marcher sur le point que menacerait Bou-Maza. Il n'était qu'à cinq ou six lieues de nous; aussi les tribus de la rive droite se montraient-elles très ouvertement hostiles. Chaque fois que nous approchions du fleuve, nous recevions des coups de fusil : la circonstance suivante nous aida à en tirer vengeance.

A trois lieues en aval de notre camp, l'artillerie construisait sur le Chélif un pont de bateaux : il devait être bientôt terminé et l'on attendait, de la part de l'officier qui dirigeait le travail, l'avis du jour et de l'heure précise où le pont pourrait donner passage.

Malgré cela, la reconnaissance des gués se continuait en face de notre camp. J'en découvris un excellent ; mais, en le signalant, je m'exprimai ouvertement, à dessein, sur le danger qu'il y aurait à être surpris de l'autre côté par quelque crue subite comme le Chélif en présente fréquemment et qui nous interdirait le retour.

Le colonel Vanheddegghem fit montre de partager cette manière de voir et nos allures parurent à l'ennemi même, si bien d'accord avec l'expression de cette crainte dont il avait eu connaissance, qu'elles l'enhardirent au point d'amener ses troupeaux boire en vue de notre camp, sur la rive opposée.

Enfin, nous fûmes prévenus un soir que le pont serait achevé le lendemain à midi. A huit heures du matin on prit les armes en même temps que deux cent cinquante cavaliers de Sidi-Laribi arrivés avec lui pendant la nuit. Grossis de ce renfort et tous nos bagages ayant filé vers le pont, par la rive gauche, nous passâmes brusquement le gué pour décrire sur la rive droite un demi-cercle, dont le Chélif, du gué au pont nouveau, marquait le diamètre.

Nous enlevâmes ainsi ces nombreux troupeaux que les Arabes pensaient protégés par le cours d'eau.

Après une pointe qui entraîna un petit combat et pendant laquelle nous brûlâmes plusieurs villages, nous arrivâmes au pont de l'artillerie avec des prises considérables qui le franchirent, ramenées par la troupe tout heureuse de cette bonne affaire, dont elle n'avait pas deviné le projet depuis longtemps médité.

Cette journée ne coûta qu'une dizaine de blessés, au nombre desquels le capitaine adjudant-major Paillard, du 1er bataillon d'Afrique, qui commandait le bataillon mixte ; sa blessure, en apparence légère, fut en réalité mortelle.

Le lieutenant-colonel Canrobert, agissant de Tenès comme base, pesait alors sur les tribus du Dahra, en même temps que le colonel de Saint-Arnaud leur portait des coups répétés avec sa cavalerie, aux ordres du lieutenant-colonel d'Allonville.

Le général de Lamoricière vint sur ces entrefaites visiter le pont du Chélif; il fut ainsi témoin du succès de notre petite colonne. Le jour même, il retourna à Mostaganem et, la nuit suivante, à Oran d'où il regagna rapidement Mascara.

D'après les ordres du gouverneur général, le colonel Renault, s'éloignant de cette ville, marchait vers l'est, dans le but de concourir à l'ensemble des mouvements dirigés contre Abd-el-Kader.

Le sud-est de la province se trouvant ainsi découvert momentanément, la colonne du colonel Vanheddegghem dut se rapprocher de Bel-Hassel, pour surveiller à la fois le bas Chélif, la basse Mina et les Flitas. Le lieutenant-colonel Bosquet ne tarda pas à la rallier à Bel-Hassel, venant de Mostaganem où le gouverneur général l'avait renvoyé avec quelques troupes, dans l'ignorance où il était des mesures prises pour couvrir cette place et les plaines de la Mina et du Chélif.

Le retour du lieutenant-colonel Bosquet marquait naturellement le moment où je pouvais rejoindre le général de Lamoricière ; je partis avec une escorte de quelques cavaliers pour Calaâ et le fils de Caddour-ben-Morfy me donna une cinquantaine de Tenmasnias pour m'accompagner jusqu'à l'Oued-el-Haddad où se trouvait le général. Ces Tenmasnias étaient précisément de cette tribu sur laquelle j'avais fait une razzia sanglante, deux mois auparavant. Ils furent remplis d'attentions.

Je marchais depuis la veille sous une pluie battante, lorsque j'arrivai au camp.

Ce mauvais temps avait retardé la réunion des moyens de transport ; je la hâtai et le général, les voyant au complet le lendemain, partit pour Tiaret. Après y avoir touché barre, nous nous rabattîmes sur les Flitas.

Ignorant notre brusque changement de direction,

Abd-el-Kader, qui s'était rapproché de l'ouest sans se laisser joindre ni par le maréchal ni par la nombreuse cavalerie du général Yusuf, crut le moment opportun pour faire une pointe jusque dans les plaines basses.

Informé de ce mouvement, le général de Lamoricière se mit aussitôt à la poursuite de l'émir, en marchant de nuit et de jour et en se guidant sur la trace des chevaux. Il y mit tant d'activité, qu'Abd-el-Kader, pour lui échapper, dut passer la Mina à Ardjl-el-Ktaf, traverser les Sdamas et se jeter dans le sud; il se reporta ensuite dans l'est.

Son entreprise téméraire fournit à nos soldats l'occasion de démontrer de nouveau ce qu'un général énergique peut obtenir d'hommes aguerris et rompus à la marche, et ce n'étaient plus pourtant nos vieilles troupes de l'hiver de Mascara ou de la campagne d'Isly.

Parmi ses hauts talents militaires, l'habileté du général de Lamoricière à deviner les intentions de son adversaire brilla dans cette circonstance comme elle avait brillé en tant d'autres. Aussi, Abd-el-Kader, qui mieux que personne pouvait par une douloureuse expérience apprécier le mérite de nos généraux, donnait-il le premier rang au commandant de la province d'Oran.

Tandis que celui-ci manœuvrait si admirablement, un de ses sous-ordres, qui se trouvait près de la ligne de retraite d'Abd-el-Kader, laissait échapper l'occasion de la lui fermer.

Le Tell ne comptait plus de tribus rebelles; mais

beaucoup de fugitifs s'étaient retirés sur les hauts plateaux dont les populations elles-mêmes restaient insoumises, bien que la tentative avortée de l'émir eût affaibli son ascendant sur elles. L'heure sonnait où elles allaient aussi rentrer dans l'obéissance.

Après avoir pris des vivres à Tiaret, nous nous portâmes d'abord dans la direction de Godjilah; puis, par un changement de direction à l'ouest, nous vînmes à Ouseugr-ou-Reghaïa. Au moment où le bivouac s'y installait, je crus distinguer, à la lunette, des troupeaux qui gagnaient le sud. Le général me donna la cavalerie pour les poursuivre.

Je revins sans avoir rien atteint, après une course de six lieues pendant laquelle la colonne, maintenue constamment au trot, mit plus d'une heure à traverser un nuage de sauterelles qui obscurcissait le ciel. Le lendemain nous continuâmes à marcher à l'ouest, parallèlement au Tell.

L'étape était faite et notre camp déjà établi, quand une vedette aperçut dans le sud un grand mouvement. J'étais allé faire quelques observations topographiques. Le général me fit prévenir de ce qu'on avait vu, ainsi que du départ de la cavalerie qu'il m'ordonnait de rejoindre pour en prendre le commandement, tandis que lui-même me soutiendrait avec l'infanterie. Nous atteignîmes bientôt une grande émigration; elle fit assez de résistance pour permettre aux personnes de se sauver, mais les troupeaux furent pris; ils consistaient principalement en moutons; on en compta plus de 9,000.

Les Harrars et les Oulad-Grélif offrirent alors leur soumission.

Le général de Lamoricière y mit pour condition une contribution de 600,000 francs, qui furent versés au Trésor en quelques jours.

Tout en conduisant ces opérations prodigieusement actives, le général préparait, par une réflexion continuelle, l'avenir de la province qu'il pacifiait si habilement et où il voulait poser sans retard les jalons de la colonisation qu'une paix durable allait permettre enfin d'entreprendre.

Le but qu'il se proposait était d'attirer des capitalistes au moyen de grandes concessions de terres faites par adjudication, sous la réserve de certaines clauses imposées aux adjudicataires vis-à-vis des petits colons qui viendraient s'établir sur leur sol.

Mais, quel que soit le système de colonisation, la première condition était, est et sera toujours pour coloniser, d'avoir de la terre disponible.

Ce fut pour se rendre compte de ce que devraient être nos ressources à cet égard, que le général m'envoya à Oran avec ce programme : « Déterminer les espaces nécessaires pour établir entre Oran, Mascara et Mostaganem vingt-cinq mille colons européens. »

Je demandai à emmener le commandant d'Illiers, aide de camp du général, auquel je devais donner une part de la mission qui m'était confiée ; je m'adjoignis en outre le capitaine Gellé, du 44e, pour les levés et l'interprète principal Brahemdscha pour l'examen des titres que nous aurions à nous faire présenter. Le travail devait être terminé le 1er juin : nous étions en avril.

La constatation de l'état de la propriété sur les territoires des tribus comprises dans le triangle de colonisation indiqué remplit une tournée de trente jours, pendant lesquels, tant à cheval que sous la tente, nous ne consacrions pas moins de quinze heures sur vingt-quatre à cette étude si importante.

La mise au net du dessin, la rédaction des mémoires à l'appui étaient en voie d'exécution, lorsque le général m'annonça son prochain retour à Oran.

Cependant, le général Géry avait été dans la nécessité de prendre un congé de convalescence ; après un peu de mieux, le vaillant soldat succomba au milieu des siens, laissant inachevée une fortune militaire si brillante après avoir été si tardive.

La ville d'Aix lui fit des funérailles honorables, tandis qu'un ordre du jour annonçait à la division la perte qu'elle faisait dans la personne du commandant de la subdivision de Mascara.

Le colonel Renault reçut le commandement intérimaire de cette subdivision. Bientôt après, il entreprit une expédition dans le sud qu'il poussa jusqu'à Chellala, obligeant ainsi Abd-el-Kader, qui cherchait à se maintenir dans cette partie du Sahara, à rentrer au Maroc.

Au moment où je le quittais à Frendah pour venir à Oran, le général de Lamoricière m'avait entretenu d'un projet, d'après lequel chaque province serait dotée d'une préfecture, dont l'administration envahirait successivement toutes les zones de cette province, à mesure que chacune d'elles serait suffisamment préparée à passer du régime militaire au régime civil, avec toutes les conséquences de ce passage.

A quelques jours de là, le général m'envoya son travail complètement élaboré, en me recommandant de n'en pas parler et de lui donner mon avis sur les chances qu'il y avait de le voir accepter. Je lui répondis que je craignais beaucoup qu'il n'aboutît qu'à déplaire, en raison des tendances d'alors et du profond dédain qui éclatait partout contre l'élément civil. Le général se borna alors à un envoi officieux de son projet à Alger.

Introduit en haut lieu, il y offusqua extrêmement; mais comme, plus ou moins vite, les idées justes font leur chemin, c'est ce même projet qui devint la base du décret du 9 décembre 1848 sur l'administration algérienne.

Le général rentra à Oran dans les premiers jours de juin. Ayant réuni tous les chefs de services civils et militaires, il leur fit faire lecture des études nouvelles qui devaient servir à la colonisation de la province; dans sa bienveillance, il voulut que la partie que j'avais traitée fût produite sous mon nom.

Mais, pour remplir son but, ce n'était pas à Oran que ce travail devait s'arrêter, il fallait qu'il arrivât au ministre; or son passage à Alger offrait de grandes difficultés à cause des dispositions qui y dominaient. Un moyen se présenta de tourner l'obstacle.

Le maréchal Bugeaud était à Djidjellij pour quelques jours et le général de Bar le remplaçait à Alger. En pareil cas, les commandants de province étaient mis en demeure d'envoyer directement au ministre la copie des rapports militaires qu'ils adressaient au gouverneur général.

Le général de Lamoricière saisit l'occasion.

Je venais d'obtenir un congé : et précisément, une frégate partait d'Oran pour Port-Vendres. Je reçus, pour le remettre au ministre, un double du travail en question, en même temps qu'un autre exemplaire était adressé à Alger. Par ordre du ministre, le général de La Rue, alors directeur des affaires de l'Algérie, chargea immédiatement ses bureaux d'examiner le projet du général de Lamoricière.

Son origine, son but, le désignaient en effet à la plus grande attention, alors surtout que le gouverneur général cherchait à faire dominer ses idées de colonies militaires.

Mon congé n'était que de quarante jours. Quand je revins à Oran, je trouvai le colonel de Crény s'embarquant pour aller occuper à Alger le poste de sous-chef d'état-major général, laissé vacant par le colonel Pélissier. J'étais moi-même nommé chef d'état-major de la division en remplacement du colonel de Crény.

Le général de Lamoricière, prêt à se rendre en France, attendait pour partir que le gouverneur général fût venu faire dans la province une tournée qu'il avait annoncée.

Déjà, le commandant de la province d'Oran avait

reçu des témoignages de mécontentement, au sujet
de l'envoi au ministre de ses études de colonisation.
Le gouverneur général, irrité, les avait publiées avec
une réfutation sévère. J'y étais repris à cause de certaines phrases à l'endroit des indigènes.

Le maréchal avait raison. J'avais eu sans doute
pour but de justifier ainsi le prélèvement sur les Arabes
de terres en excédent entre leurs mains et nécessaires
à la colonisation ; mais j'aurais dû, et cela était facile,
arriver à la même conclusion sans encourir le reproche
d'une dureté qui n'a jamais été dans mes principes ni
dans mes actes.

L'entrevue du gouverneur et du général de Lamoricière fut naturellement on ne peut plus froide. La
situation était devenue impossible entre le maréchal
et celui de ses lieutenants qui l'avait le plus aidé dans
la conquête qu'il venait d'accomplir, conquête qui
sans le général de Lamoricière eût avorté, j'en ai la
conviction profonde.

Peut-être ne faudrait-il pas chercher ailleurs la
cause de la haine injuste dont il fut payé, si l'on ne
devait tenir compte des excitations malfaisantes qui
pesaient alors encore sur le maréchal et qui trou-
blèrent souvent les sentiments de bienveillance qui
lui étaient au plus haut degré naturels ; fatale influence
des entourages, qu'on voit se renouveler si fréquemment, auprès des hommes les plus puissants par leur
intelligence et même par leur volonté !

Sur ces entrefaites, le duc d'Aumale vint visiter la
province d'Oran. Il portait dans sa personne et dans

sa façon d'être et de s'exprimer, une grande séduction à tous égards.

Le général d'Arbouville remplaça le général de Lamoricière intérimairement ; le lieutenant-colonel Walsin partit cinq jours après ma rentrée.

L'état-major de la division était composé d'excellents officiers. Le plus ancien parmi eux, le capitaine Poulle, fut chargé de diriger le travail dont je ne me réservai que la signature. Je pus ainsi joindre à mes fonctions de chef d'état-major celle de directeur des affaires arabes.

Je me mis immédiatement en devoir d'exécuter les dispositions préparatoires de la réalisation du projet de colonisation. Des crédits avaient été ouverts pour procéder par indemnité à l'égard des indigènes usufruitiers du sol dont ce projet exigeait le déplacement et par achat, envers ceux qui étaient propriétaires de terres enclavées dans les mêmes limites de nos tracés.

Des espaces considérables furent acquis ainsi au domaine de l'État, dont j'avais ouvert le sommier en 1843 par l'inscription de plusieurs terres de l'ancien beylick turc, à la suite de la reconnaissance que j'en avais faite alors avec l'agha Mustapha-ben-Ismaël.

La direction des affaires arabes était alors la seule autorité en mesure d'exercer, au bénéfice de la colonisation à venir, de pareilles reprises sur le territoire arabe, reprises justifiables, puisque le chiffre de la population indigène de la province n'atteignait pas, en moyenne, le sixième des individus que pouvait nourrir son sol fertile.

Cependant, dira-t-on peut-être, à ces anciens pasteurs aux habitudes séculaires, de vastes espaces étaient nécessaires pour leurs nombreux troupeaux comme pour leur culture de céréales, dont tout l'art consistait en de légers labours, tracés avec la charrue la plus élémentaire, autour des buissons et des palmiers nains.

Sans doute, c'est là une considération vraie, mais fallait-il pour elle renoncer à féconder par le travail la terre conquise au prix de tant de sang, fallait-il que de tels efforts fussent vains, parce qu'il est dans les mœurs arabes de ne savoir rien ménager et de laisser les eaux raviner les plaines et détruire les voies de communication; de livrer à la dent des moutons et des chèvres la végétation des bois, d'incendier ceux-ci, pour les convertir en pâturages et d'abandonner tout un pays à l'envahissement des broussailles!

Ces réflexions me fortifiaient dans la mission que je venais d'entreprendre.

CHAPITRE XVII

La fuite des Beni-Amer au Maroc avait laissé la
montagne de Tessalah et les plaines hautes qui s'étendent sur son versant sud, presque désertes jusqu'au
delà de Ras-el-Ma. La tranquillité de la plaine de Melata
se trouvait ainsi compromise.

Je demandai la création d'un agalik du Tessalah.
Les Beni-Matar du Tell et les Oulad-Balaghr, dont

une partie venait de rentrer, furent destinés, avec les Leghrouat du Tell et les Oulad-Abd-Allah voisins des Douars, à composer cet agalik sous les ordres d'un homme dans la vigueur de l'âge, neveu de l'agha Mustapha.

Vrai chef militaire, brave, ardent, plein d'autorité, Caddour-ould-Adda, c'était son nom, transporta les tentes des Beni-Matar et des Oulad-Balaghr, soumis à ses ordres, dans le Tessalah ; puis, ralliant un à un les dissidents de ces deux tribus, en six mois, il passa de l'effectif de 70 chevaux et 120 tentes à celui de 200 chevaux et 400 tentes.

La plaine de Melata, ainsi gardée, était redevenue tranquille. Bientôt, il arriva que les Beni-Matar et les Oulad-Balaghr, célèbres par leur audace et par leurs habitudes de pillage, se trouvèrent comme enrôlés à notre service contre le désert, au lieu d'être au service du désert contre nous.

Caddour en donna la preuve dans des pointes hardies qu'il dirigea lui-même dans le sud, avec un succès complet. Elles assurèrent certainement la sécurité du Tell de ce côté.

Cependant, Abd-el-Kader, rentré au Maroc, y étendait chaque jour son influence dans la région voisine de la Moulouïa, où sa Daïrah était venue chercher asile et où avait eu lieu en son absence, mais par ses ordres bien ou mal interprétés, le massacre de nos malheureux prisonniers de Sidi-Brahim et d'Aïn-Témouchent ; les officiers seuls avaient été épargnés, à cause de leur petit nombre et de leur importance.

Le général Cavaignac, jaloux de venger ces braves gens, avait cherché à atteindre la Daïrah et partageait le désir bien naturel des troupes de poursuivre Abd-el-Kader au delà de la frontière du Maroc, puisque l'empereur n'avait pas la force ou la volonté de l'en chasser, comme il s'était engagé à le faire par le traité de Tanger.

Peut-être, en lui adressant ce reproche, ne tenait-on pas assez compte à Muley-Abd-Errahman des difficultés et même des périls qu'il eût rencontrés, s'il eût agi de vive force contre l'émir, si haut placé dans l'estime de ses coreligionnaires par sa longue lutte contre les infidèles. Qui sait même si notre présence armée sur le sol marocain n'eût pas suffi pour y déterminer une explosion soudaine en faveur d'Abd-el-Kader?

Sa popularité était à ce moment si grande, qu'on allait jusqu'à le dire maître d'entrer à Fez quand il lui plairait.

Ces considérations paraissaient devoir faire pencher pour une patiente attente des événements, toute contraire qu'elle fût aux sentiments intimes de l'armée.

M. Roches, en position influente auprès de M. de Château, notre chargé d'affaires à Tanger, était de cet avis; c'était aussi celui du ministre des affaires étrangères, M. Guizot.

Beaucoup de soins furent déployés dans cet état de choses, pour calmer ou plutôt pour contenir les impatiences belliqueuses de Tlemcen.

Le journal *l'Écho d'Oran*, rédigé pour sa partie politique dans les bureaux de la division, agissait dans le même sens sur l'opinion publique et l'apaisait en l'éclairant. Ses articles étaient reproduits sans contra-diction par les grands journaux de Paris et bientôt le gouvernement, sous l'empire des mêmes préoccupa-tions, en vint à interdire au commandant de la subdi-vision de Tlemcen de dépasser la frontière sans y être formellement autorisé.

Il put réussir cependant à quelque temps de là, en se renfermant dans ses instructions, à châtier, à l'ouest de Magrnia et sans qu'il en résultât de complications, les tribus récalcitrantes de cette plaine.

Le général d'Arbouville se porta d'Oran à Aïn-Té-mouchent, pour appuyer au besoin cette opération ; puis il rentra au chef-lieu de la province par Sidi-bel-Abbès.

Peu après, la nouvelle s'étant répandue que Bou-Maza, quittant la Daïrah, allait se jeter sur le Tell par les hauts plateaux, nous retournâmes à Sidi-bel-Abbès pour remonter jusqu'à Raz-el-Ma, que nous dépassâmes de dix lieues en marchant au sud.

Caddour saisit cette occasion pour exécuter dans le Sahara un nouveau coup de main, qui lui réussit très bien. Au retour, notre colonne fut assaillie par une forte tourmente de neige auprès de Daya.

J'y appris que mon frère était à Oran où je le re-joignis le lendemain. Son régiment, le 61e de ligne, après un séjour de dix années en Afrique, rentrait en France avec ses cadres seulement. Cette mesure, ap-pliquée à deux autres régiments, avait été demandée par le gouverneur général pour le maintien du complet de ses effectifs, au moyen d'anciens soldats.

On regretta cette décision ; elle coûta la vie à beaucoup de braves gens qui, ne pouvant suivre en France le drapeau sous lequel ils avaient glorieusement servi et payé largement leur dette à l'Algérie, moururent de nostalgie.

Vers la fin de l'hiver, le général de Lamoricière vint un instant reprendre le commandement de la province d'Oran, où le gouverneur général fit lui-même une apparition. Le général avait été, pendant son séjour en France, élu député par l'arrondissement de Saint-Calais.

Le gouvernement était alors dans la dépendance de la Chambre élective. En y entrant, le général de Lamoricière avait eu pour but de rechercher pour ses projets de colonisation les faveurs de l'opinion bien éloignées jusque-là de leur être acquises.

Le gouverneur général, en possession depuis longtemps de la députation, était plus que jamais le promoteur de la colonisation par l'armée, à l'exclusion des systèmes qui, comme celui du commandant de la province d'Oran, tentaient de se faire jour à la tribune du parlement.

Beaucoup de gens à cette époque, et surtout depuis, ne tenant pas compte de ce qui existait alors, n'ont pas compris par quel mobile le général de Lamoricière avait voulu devenir un homme politique. Ils l'ont aveuglément et injustement blâmé, au lieu de reconnaître que le temps seul lui manqua pour amener le triomphe de ses projets, dont sa conviction et sa parole vibrante l'eussent fait l'éloquent et victorieux défenseur.

C'est ainsi que souvent la patrie, qu'il ne faut jamais maudire, est ingrate envers ses meilleurs serviteurs et que l'histoire elle-même ne leur réserve qu'une justice tardive.

Le général approuva ce que j'avais fait au bureau arabe pendant son absence; puis, au bout de quelques jours, l'ouverture de la session le rappela à Paris.

Le général d'Arbouville reprit le commandement intérimaire de la province et, presque aussitôt, il dut se rendre à Tlemcen avec des troupes pour couvrir la frontière, pendant que le général Cavaignac allait diriger une grande expédition dans l'ouest du désert algérien, jusqu'aux ksours et que le général Renault parcourrait de nouveau la partie est correspondante. L'un et l'autre partirent vers le 20 avril.

Le général d'Arbouville m'avait confié le service des affaires arabes, qui allaient se traiter autour de lui, le commandant Jarras remplissant les fonctions de chef d'état-major.

Nous attendîmes à Tlemcen le retour du général Cavaignac.

Vers cette époque, le gouverneur général se préparait à quitter Alger pour son expédition de l'Oued-Sahel, entreprise malgré les objections du gouvernement.

C'est à la fin de cette campagne, couronnée de succès, que se termina, à Bougie, le long et glorieux commandement du maréchal Bugeaud, duc d'Isly. Son nom, populaire dans l'armée française, chéri et vénéré

dans l'armée d'Afrique et jusque chez les indigènes,
était pour toujours attaché à l'histoire de la conquête
la plus juste, la plus noble et la plus civilisatrice des
temps anciens et modernes.

Avant le départ du maréchal d'Alger pour l'Oued-
Sahel, des plaintes lui avaient été portées contre moi
au sujet des achats de terre que j'avais assurés à
l'État tout récemment. Je fus représenté au maréchal
comme ayant rendu une révolte imminente. Il s'en
émut et demanda au général d'Arbouville de procéder
lui-même à une enquête sur les accusations dont j'étais
l'objet. Le général d'Arbouville, par un procédé que
je ne saurais oublier, me chargea de rédiger sa réponse au maréchal; c'était un véritable mémoire jus-
tificatif qu'il voulut bien signer.

En même temps que je subissais cette épreuve,
M. de Tocqueville, du haut de la tribune de la Chambre
des députés, me blâmait sévèrement au sujet des principes émis dans les études que j'avais rédigées pour
le général de Lamoricière, relativement à la colonisation de la province d'Oran.

Dans l'isolement où l'absence du général me laissait,
il me fallut beaucoup d'efforts de raison pour ne pas céder sous ces atteintes à un certain découragement,
malgré la constante bienveillance du général d'Arbouville.

Avant de retourner à Oran, le général d'Arbouville
alla, avec le corps d'observation qu'il avait amené, visiter les Mesirda; une grosse amende y régla à propos
le compte de nos griefs et termina heureusement une

opération des plus délicates, en raison du voisinage de la frontière.

Le général Cavaignac, ayant obtenu un congé dont il allait jouir en France, me laissait à l'état-major le capitaine Baudouin, qui venait faire d'excellents travaux de topographie et de statistique dans la subdivision de Tlemcen.

J'obtins du général d'Arbouville que cet officier se rendît à Tanger pour compléter ses documents relatifs à l'établissement d'une carte du Maroc par renseignements, travail des plus remarquables en ce genre.

Cependant le général de Lamoricière soutenait à Paris son projet d'adjudication des communes à des capitalistes ou à des compagnies de colonisation qui devaient y bâtir des maisons et en assurer le peuplement. L'application prématurée de ce système le fit échouer en partie. Une seule commune fut adjugée, celle du Tlélate. M. de Saint-Maur obtint dans Mélata, à la même date, la concession d'Akbeil. Un M. d'El-Bulso fut mis en possession de la commune de Christel, entre Oran et Arzew, sur le littoral.

Il est temps de revenir à Abd-el-Kader, dont la position dans le Maroc commençait à se gâter.

Soit pour se procurer des ressources en vivres et en argent, soit pour faire acte d'autorité, il en était venu à opérer des razzias chez plusieurs tribus de l'empire. A la suite d'une pareille et sanglante exécution sur des gens du Rif, ceux-ci vinrent demander de les venger à Muley-Abd-Errahman, qui se décida à envoyer de leur côté un camp de cavaliers de son maghzen. Abd-el-Kader attaqua ce camp de nuit, l'anéantit et fit même décapiter devant sa tente le caïd marocain qui le commandait.

Cet événement le posait en révolté vis-à-vis de l'empereur qui, usant de ses pouvoirs spirituels, n'hésita plus à frapper l'émir d'anathème, prescrivant qu'on ne le désignât à l'avenir que sous le nom de Kader et ceux qui le suivraient sous le nom de Kaderi. Kader, au pluriel Kaderi, pris séparément, signifie : *qui ne relève que de soi-même*, dernier degré d'impiété dont on puisse se rendre coupable chez les musulmans, si attentifs à tout faire dépendre de Dieu, même pour les moindres actes de la vie.

Muley-Abd-Errahman ne se borna pas à élever la voix comme chef de la religion ; simultanément, il ordonna la réunion de plusieurs camps qui s'acheminèrent vers le Rif.

Abd-el-Kader y était établi avec sa Daïrah à peu de distance de Melilia, préside espagnol, avec le commandant duquel il s'était mis en relation pour la reddition des cinq officiers français qu'avait épargnés le massacre de la Moulouïa et parmi lesquels se trouvait le commandant Courby de Cognard.

C'est par cet intermédiaire que la liberté leur fut rendue, au prix d'une rançon dont le général d'Arbouville prit sur lui d'ordonner le payement. Mais c'était là le moindre bénéfice que l'émir comptait retirer de cette circonstance.

Une fois en pourparlers avec le commandant de Melilia, il arriverait par ses offices à la reine d'Espagne et réclamerait sa médiation pour la paix entre lui et la France.

En reconnaissance de ce service, Abd-el-Kader offrait à l'Espagne, dont les présides sont tenus dans un blocus perpétuel par le Maroc, de lui ouvrir l'entrée de cet empire et même de lui faire autour de Mélilia une cession de territoire. Enfin lui-même, après avoir pris possession du pays depuis Garet jusqu'à la Moulouïa, se serait constitué vassal de l'Espagne.

Jamais haute ruse ne fut mieux menée et c'est probablement aux illusions qu'elle fit naitre chez le gouvernement espagnol, qu'il faut attribuer l'occupation des îles Zafarines, quelques semaines plus tard.

Nous avions longtemps hésité à croire aux préparatifs de guerre de l'empereur du Maroc contre Abd-el-Kader. Le général de Lamoricière, revenu de France depuis quelques jours, les voyant bien dessinés, se porta à la frontière avec un corps respectable, qui lui permît en tout cas de s'opposer à quelqu'une de ces attaques folles, dont les Marocains sont toujours capables dans leur fanatisme.

Le général, bien qu'il eût d'ailleurs par devers lui les pouvoirs de passer la frontière, si besoin était, voulait surtout être en mesure de profiter de la circonstance où Abd-el-Kader, obligé de céder du terrain devant les Marocains, se rejetterait sur le territoire algérien.

Je fus laissé à Oran pour y diriger les publications du journal *l'Écho* qui avaient besoin en ce moment d'être plus que jamais suivies. Il fallait expliquer à la curiosité publique et justifier l'expectative que l'on allait probablement observer à la frontière, tandis que de tous côtés on s'écriait que le moment était venu d'obliger, par les armes, Muley-Abd-Errahmann à expulser, sinon à nous livrer Abd-el-Kader.

Cependant les camps marocains s'approchaient sous le commandement du fils de l'empereur, Muley-Mohamed, notre adversaire à la bataille d'Isly. Le souvenir de son insuccès le poursuivant sans cesse, il était encore plus désireux de triompher dans cette nouvelle campagne. Il disposait d'ailleurs de forces très considérables : d'après tous les renseignements, elles s'élevaient à 20,000 cavaliers du Maghzen, avec de l'artillerie.

Les gens du Rif, les Alafs, qui avaient à satisfaire leur rancune contre Abd-el-Kader et les contingents des tribus diverses qu'attirait l'espoir du butin, doublaient ce chiffre.

Deux faits graves pour l'émir précédèrent l'ouverture des hostilités. Une partie des Beni-Amer, internés au Maroc à l'est de Mequinez, ayant voulu rejoindre la Daïrah, avaient été poursuivis et atteints dans leur marche par les troupes impériales. Les hommes ainsi que les enfants avaient été massacrés en grande partie ; on s'était partagé les femmes avec les autres dépouilles.

L'émir, qui s'était avancé au-devant de cette malheureuse population, n'était arrivé que pour être témoin de son extermination, et lui-même avait eu de la peine à se dégager.

D'autre part, quand il avait vu les menaces qui

depuis longtemps grandissaient contre lui, prêtes à avoir leur effet, il avait envoyé son kalifa Bou-Amedi à Fez, auprès de l'empereur, pour le fléchir.

Pour toute réponse, l'empereur avait fait arrêter Bou-Amedi : c'était le signe trop certain d'une lutte devenue inévitable.

Pour la soutenir, l'émir avait cinq ou six cents cavaliers réguliers, tous gens éprouvés par les combats et par l'infortune, d'un dévouement absolu à la personne de leur sultan. Le nombre des fantassins pouvait s'élever au même chiffre : ils ne présentaient pas une composition aussi vigoureuse que les cavaliers, mais la Daïrah qu'ils devaient défendre renfermait tout ce qu'ils avaient de plus cher ; l'émir lui-même y avait sa mère, sa femme et ses enfants ; enfin, la Daïrah même comptait cinq à six cents tentes, soit environ trois mille personnes parmi lesquelles tous les hommes et même les nègres étaient armés tant bien que mal.

C'est avec ces faibles moyens qu'il fallait résister aux masses qui s'avançaient.

Toujours plus grand dans l'adversité, l'émir fut le seul qui ne désespéra pas du salut commun. Il fortifiait les courages par sa parole et par son exemple et, se préparant à tenter les chances extrêmes qui lui restaient, il vint, avec sa Daïrah, se placer dans l'espace angulaire, très accidenté, que la rive gauche de la Moulouïa forme avec le littoral de la mer. Il avait au plus six ou huit jours de vivres.

Les camps marocains, disposés en un vaste demi-cercle, s'étaient mis à suivre à distance ces derniers débris, dont ils ne s'approchaient qu'en tremblant.

Jusqu'à la fin, le fils de l'empereur sembla vouloir laisser ouverts à Abd-el-Kader les chemins qui pouvaient assurer sa retraite vers le sud et vers l'est. Celui-ci n'en profita pas. Peut-être hésita-t-il à le faire à cause de la courte distance à laquelle il se trouvait du général de Lamoricière.

Par un motif ou par un autre, il s'arrêta et accepta la bataille, sachant cependant qu'il allait combattre un contre vingt. Avec une pareille disproportion numérique, quelque exaltée que soit la bravoure du petit nombre, il ne peut manquer d'être accablé en rase campagne, quand l'organisation des partis en présence est à peu près équivalente.

Bien convaincu qu'un coup d'audace pouvait seul le sauver, Abd-el-Kader ordonna qu'on attaquerait la nuit et qu'on courrait à la tente du fils de l'empereur pour le faire prisonnier. En possession de ce gage, il devait obtenir des conditions avantageuses.

Pour faire réussir ce plan, au moment de l'attaque, l'émir fit mettre le feu à quelques chameaux garnis d'étoupe et de fascines goudronnées. Il comptait sur l'apparition de ces fantômes lumineux, fuyant ou se débattant dans une violente agonie au milieu de l'obscurité, pour jeter la terreur parmi ses adversaires.

Si le secret de ces dispositions eût été gardé, peut-être eussent-elles été couronnées de succès; mais on s'y attendait chez les Marocains et lorsque les vaillants soldats de l'émir pénétrèrent dans le camp du prince impérial, sa tente, comme toutes les autres, était déserte. Ils coururent aussitôt à un camp voisin, car il en existait quatre séparés. Celui-ci fut enlevé.

Abd-el-Kader combattait en tête, rugissant comme un lion au milieu du tumulte; mais le jour commençait à poindre.

Le fils de l'empereur tira lui-même le canon du troisième camp, à l'instant où les assaillants, épuisés de tant d'efforts, s'arrêtaient à son entrée ; alors un feu général commença contre eux, ils durent se retirer et le firent avec ordre.

L'émir avait perdu la moitié de son monde quand il rejoignit la Daïrah.

Il n'avait plus d'autre ressource que de gagner, si c'était possible, le territoire algérien.

La retraite commença : la Moulouïa fut traversée pendant la nuit, à un gué voisin de son embouchure. Au lever du soleil, les masses marocaines parurent. Il fallait donner à la Daïrah, qui suivait le rivage pour atteindre le Kis, le temps de gagner du terrain. Un combat acharné s'engagea dans ce but, au passage de la rivière.

Le fusil à la main, la tête, la poitrine et les pieds nus, noir de poudre, plus brave que ses plus braves, Abd-el-Kader chercha la mort pendant toute la matinée, sans pouvoir la trouver: ses vêtements furent criblés de balles, trois chevaux tombèrent morts sous lui et furent remplacés grâce au dévouement de ses cavaliers. Enfin il s'éloigna de la Moulouïa, qui venait de voir périr encore le tiers de ses derniers compagnons.

Par un triste rapprochement, leur sang rougit les

eaux de la rivière, presque au même endroit où elles avaient été teintes du sang de nos soldats odieusement massacrés; sinistre épisode qui marquera toujours d'une tache la grande mémoire d'Abd-el-Kader.

Les Marocains ne firent que passer la Moulouïa et s'arrêtèrent. La Daïrah parvint le soir même sur le territoire français.

Les réguliers de l'émir gagnèrent en partie Nemours, d'autres vinrent se rendre au camp du général de Lamoricière.

Abd-el-Kader s'était séparé d'eux et ils ne savaient ce qu'il était devenu; mais le général, renseigné par un caïd du pays, avait déjà lancé quelques spahis choisis sur le principal passage qui, des bords de la mer, permet de gagner la plaine d'Oudjda par les dernières pentes des Beni-Snassen.

Au milieu de la nuit, ces éclaireurs s'y rencontrèrent avec des cavaliers de l'émir, qui lui-même venait à quelques pas derrière eux.

Prévenu de cette circonstance, mais ignorant la force de la troupe à laquelle il se heurtait, Abd-el-Kader se décida à faire dans ce moment ce que les supplications de sa mère et de sa femme avaient préparé. Comme signe de ses intentions sincères d'entrer en pourparlers, il envoya son cachet au général de Lamoricière, par le lieutenant des spahis Bou-Rouïa. Le général y répondit en lui faisant porter son sabre.

Une convention fut arrêtée le lendemain matin, d'après laquelle l'émir, sa famille et quelques serviteurs principaux devaient être transférés à la Mecque ou à Saint-Jean-d'Acre.

Le général de Lamoricière se porta avec son infanterie vers le Kis, pour assurer l'internement de la Daïrah, laissant sa cavalerie sur le plateau de Sidi-Brahim, théâtre du drame sanglant du colonel de Montagnac.

Les murs du marabout étaient restés tachés de sang, le sol était parsemé d'ossements humains. C'est là qu'Abd-el-Kader vint se présenter; il comptait s'y trouver en face du général de Lamoricière, *le seul* entre *les mains duquel*, suivant ses expressions, *il avait pu se résoudre à consommer le sacrifice suprême de son abdication.*

En l'absence du général, ce fut le colonel de Montauban, du 2e spahis, qui reçut l'émir.

Après avoir passé devant le front de la cavalerie, qu'il salua avec estime, Abd-el-Kader, escorté de quelques chasseurs à cheval, se dirigea sur Nemours où il arriva le soir; sa famille y était déjà.

Presque en même temps, le général de Lamoricière y entrait, sans autre escorte que celle des quelques cavaliers réguliers de l'émir, qui étaient venus se rendre à lui la veille.

Dans la matinée où s'accomplissait cet événement qui couronnait l'œuvre longue et laborieuse de la conquête de l'Algérie, des salves d'artillerie étaient tirées à Nemours pour une autre cause. Le duc d'Aumale, gouverneur général depuis trois ou quatre mois, débarquait.

Les jours précédents, le **général** de Lamoricière

l'avait pressé par plusieurs courriers de venir user de l'influence de son rang, comme gouverneur, comme fils du roi, pour donner des chances plus favorables à l'heureuse issue qui se préparait ; mais l'état de la mer avait retardé l'arrivée du prince.

Il fit le plus affectueux accueil au général de Lamoricière auquel le général Cavaignac, qui accompagnait le duc d'Aumale, adressa des compliments pleins de chaleur, dignes de ces nobles cœurs.

Le général de Lamoricière alla voir l'émir, qui lui fit présent de son yatagan. La foi musulmane de l'illustre vaincu ne put suffire à lui donner la force de se renfermer en lui-même durant ces premières heures ; ses larmes abondantes et ses sanglots étouffés remplirent une nuit sans sommeil.

Enfin le matin, l'âme brisée, mais résigné, il monta la dernière jument qui lui restât et qui comme lui était blessée et s'avança, suivi de quelques serviteurs, vers le logement du duc d'Aumale.

A une certaine distance il mit pied à terre et conduisant en main sa monture à la manière des Arabes lorsqu'ils font acte de soumission, il vint rendre hommage au prince, qui le reçut avec une haute dignité.

L'émir retourna à pied à sa tente.

Dans l'après-midi, le même navire à vapeur reçut le duc d'Aumale, Abd-el-Kader et le général de Lamoricière qui, à son arrivée à Mers-el-Kébir, au milieu de la nuit, m'envoya l'ordre de me rendre de grand matin auprès de lui.

Lorsque j'arrivai à bord, le duc me donna la main,

le général me sauta au cou et nous nous tînmes embrassés quelques instants ; puis il me conduisit auprès de l'émir et me mit à sa disposition.

Abd-el-Kader me demanda de faire venir un médecin pour panser un léger coup de feu qu'il avait reçu à la jambe, s'informa de mon nom, du temps que j'avais passé en Afrique. Je lui dis que j'y étais depuis 1835, que j'avais débuté par l'expédition de Mascara, après la Macta ; que j'étais avec le général Bugeaud, à leur entrevue du Fid-el-Atach, pour la paix de la Tafna.

Le souvenir de cette journée, où sa puissance s'était élevée jusqu'à le faire traiter d'égal à égal avec le représentant de la France, touchait une plaie saignante : Abd-el-Kader inclina la tête et se tut. Il passa la matinée à écrire et à dicter des lettres à Mustapha-ben-Tami, qui était près de lui.

Vers huit heures du matin, je conduisis l'émir à bord de la frégate qui allait le porter à Marseille. J'y vis amener sa mère, sa femme, toutes deux voilées, son fils, enfant d'un aspect maladif et plusieurs de ses officiers, tous blessés.

A dix heures, le navire faisait route vers la France et disparaissait à l'horizon. A midi, un *Te Deum* fut chanté à l'église de Saint-Louis d'Oran.

Le prince, le général de Lamoricière et toutes les autorités y assistaient. Je fus plongé pendant toute la cérémonie religieuse dans la plus douce extase.

L'heureux terme d'une guerre que j'avais suivie depuis son origine, au milieu de tant de vicissitudes, était donc atteint ! Un avenir de paix et de progrès s'ouvrait pour cette terre d'Algérie, conquise au prix de tant de sacrifices !

A la sortie du *Te Deum*, on n'apercevait plus à l'horizon que les dernières fumées du vapeur qui emportait Abd-el-Kader ; quelques instants après, tout avait disparu.

Le gouvernement désapprouva les engagements pris par le général de Lamoricière et acceptés par le duc d'Aumale. Au reproche qu'on lui fit de les avoir contractés, le général répondit que, s'ils étaient défectueux, il était facile de remettre les choses en l'état où elles étaient lorsqu'il avait accepté les propositions de l'émir.

Sans nul doute, le général avait sagement agi en acquiesçant à la transportation en Orient, plutôt que de réduire Abd-el-Kader à se jeter dans le sud comme il le pouvait faire, s'il eût pris le parti de séparer son sort de celui de sa famille. En le retenant en France, le gouvernement manqua aux promesses faites en son nom, ce qu'aucune raison politique ne peut justifier.

Le duc d'Aumale profita de sa présence à Oran pour en parcourir les environs, où la colonisation commençait à prendre quelque développement; je l'accompagnai.

Après avoir visité Misserghin, il alla au Sig et à Mostaganem par la Macta, revint de Mostaganem à Oran par Arzew et de là gagna Alger.

D'une intelligence supérieure, laborieux, instruit et sage, le duc d'Aumale, quoique bien jeune, se montra, dès son début, un grand administrateur et le digne dépositaire du pouvoir. Son chef d'état-major général était le colonel Crény, dont il appréciait la haute capacité et le noble caractère.

Le général de Lamoricière se rendant en France pour la session parlementaire, le général Cavaignac fut chargé de l'intérim.

Chef d'état-major de la divison, j'étais heureux de retrouver en lui, après le général d'Arbouville, un chef bienveillant et même affectueux. La disparition d'Abd-el-Kader nous procurait une tranquillité profonde. Les Beni-Amer, émigrés au Maroc, obtinrent de rentrer dans la province. Quelques tentes y revinrent par terre; d'autres, plus nombreuses, par Tanger, où le consulat général aida au rapatriement de cette population réduite au dernier degré de misère et numériquement diminuée des trois quarts par tout ce qu'elle avait souffert.

Le capitaine Baudouin termina, vers cette époque, la nouvelle carte du Maroc, dont il réunissait depuis plusieurs mois les éléments. Après avoir été autographiée à Oran, elle fut plus tard gravée au Dépôt de la guerre.

Ce serait assurément le travail le plus intéressant à consulter, si le Maroc, ce dernier boulevard du fanatisme et de la barbarie en face de l'Europe occidentale, devait à son tour être traité par les armes de la France, comme l'a été la Régence d'Alger.

CHAPITRE XVIII

L'hiver de 1848 s'écoulait sans aucun fait remarquable, lorsque le 5 mars nous reçûmes d'Espagne la nouvelle de la révolution de février. Elle nous fut bientôt confirmée par un courrier de France ; la république était proclamée.

Bien qu'on pût douter encore de la réalité d'un cataclysme politique aussi inattendu, le général Cavaignac fit connaître aussitôt son adhésion sympathique au nouvel ordre de choses, quel que pût être pour lui le danger de cette adhésion ; en même temps, il annonçait ne vouloir influencer personne.

Dans ce moment difficile, j'eus le bonheur de rallier dans un accord parfait les officiers de l'état-major dont j'étais le chef, à cette devise : Unité militaire et patrie.

Le général comprit notre réserve ; nous subissions ce que la nation venait de subir.

La république n'apparut pas à Oran sous une forme plus séduisante qu'en France. Quelques heures s'étaient à peine écoulées depuis l'annonce des événements, que la lie de la populace, précédée d'un bonnet rouge, remplissait déjà de ses vociférations le Château-Neuf. Le général Cavaignac ne put se dispenser de sortir de ses appartements pour recevoir le salut de ce dégoûtant cortège. Quand il rentra, il me serra la main en me disant : « Ce n'est pas ainsi que j'entends la république », et ses yeux étaient remplis de larmes.

Nous eûmes le lendemain un banquet public et des discours ; les hommes les plus tarés s'y disputèrent la parole. Les officiers, la magistrature, les meilleurs citoyens, ayant en tête le général, se rendirent à cette réunion. Cette circonstance eut pour résultat de contenir les plus exaltés et de maintenir la discipline dans les troupes : elles furent émues, mais on ne vit pas se renouveler dans les corps cet ostracisme qui, en 1830, les priva de beaucoup d'officiers distingués.

Le maintien de notre force militaire avait, on le comprend, une importance particulière en Algérie. Les Arabes, voyant le trouble parmi nous, devaient croire que l'heure de la délivrance du joug du chrétien approchait ; Abd-el-Kader, heureusement, n'était plus au milieu d'eux.

Plus heureusement encore, notre patrie ne fut pas entraînée dans un nouveau conflit général avec l'Europe, parce que la plupart des États se trouvèrent ébranlés eux-mêmes par la secousse qui venait de se produire en France et qu'en France on ne voulait pas la guerre.

Le général de Lamoricière qui, dans les journées de février, avait été blessé en cherchant à faire cesser une lutte fatale, avait, au milieu de ces événements, pensé à moi. Il m'écrivit de son lit pour m'engager à venir le rejoindre, « les circonstances réclamant, me disait-il, le concours de tous les gens de cœur ».

Je reçus sa lettre le 7 mars. Le 10, après avoir vendu tout ce qui m'appartenait, c'est-à-dire mes chevaux et mes effets de campagne, je m'embarquai pour la France ; le 12, j'étais à Marseille, le 15 à Paris.

Le général de Lamoricière avait aussi écrit au général Cavaignac et dans des termes qui impressionnèrent vivement le noble cœur auquel il s'adressait ; ils y effacèrent jusqu'à la dernière trace des préventions qu'on avait jetées précédemment entre ces deux hommes si dignes l'un de l'autre.

Le général Cavaignac me congédia avec une extrême bonté : « J'aurais voulu vous garder, mon cher ami, me dit-il, mais j'en fais le sacrifice à Lamoricière ; quand on a, comme vous, servi et travaillé si longtemps ensemble, c'est un désir bien naturel de vouloir se retrouver, surtout au milieu de ces événements graves où nous voici engagés. »

Il m'embrassa et, quand j'étais déjà au milieu de la cour du Château-Neuf, il me rappela pour m'embrasser encore. Le soir même, il se rendait à Alger.

Le gouvernement provisoire venait de le nommer général de division et gouverneur général de l'Algérie.

Le duc d'Aumale lui céda la place en prince, se bornant, avec autant de dignité que de grandeur, à recommander à chacun de servir fidèlement son pays. D'unanimes regrets accompagnèrent son départ.

Ici se termine le rapide exposé de ce que j'ai vu de la conquête et de l'histoire de l'Algérie pendant ses vingt premières années.

J'aurais pu sans doute donner bien des détails encore, car, dans cette période si remplie de ma vie, j'ai approché bien des hommes, connu bien des faits, pénétré bien des passions.

Mais, à un demi-siècle de distance, les couleurs vraies s'effacent parce que le cadre a changé.

Ne voulant pas que ce récit puisse donner lieu à des jugements erronés, j'ai cru meilleur de ne parler des personnes et des choses qu'avec une grande réserve.

FIN

Paris. — Maison Quantin, 7, rue Saint-Benoît.

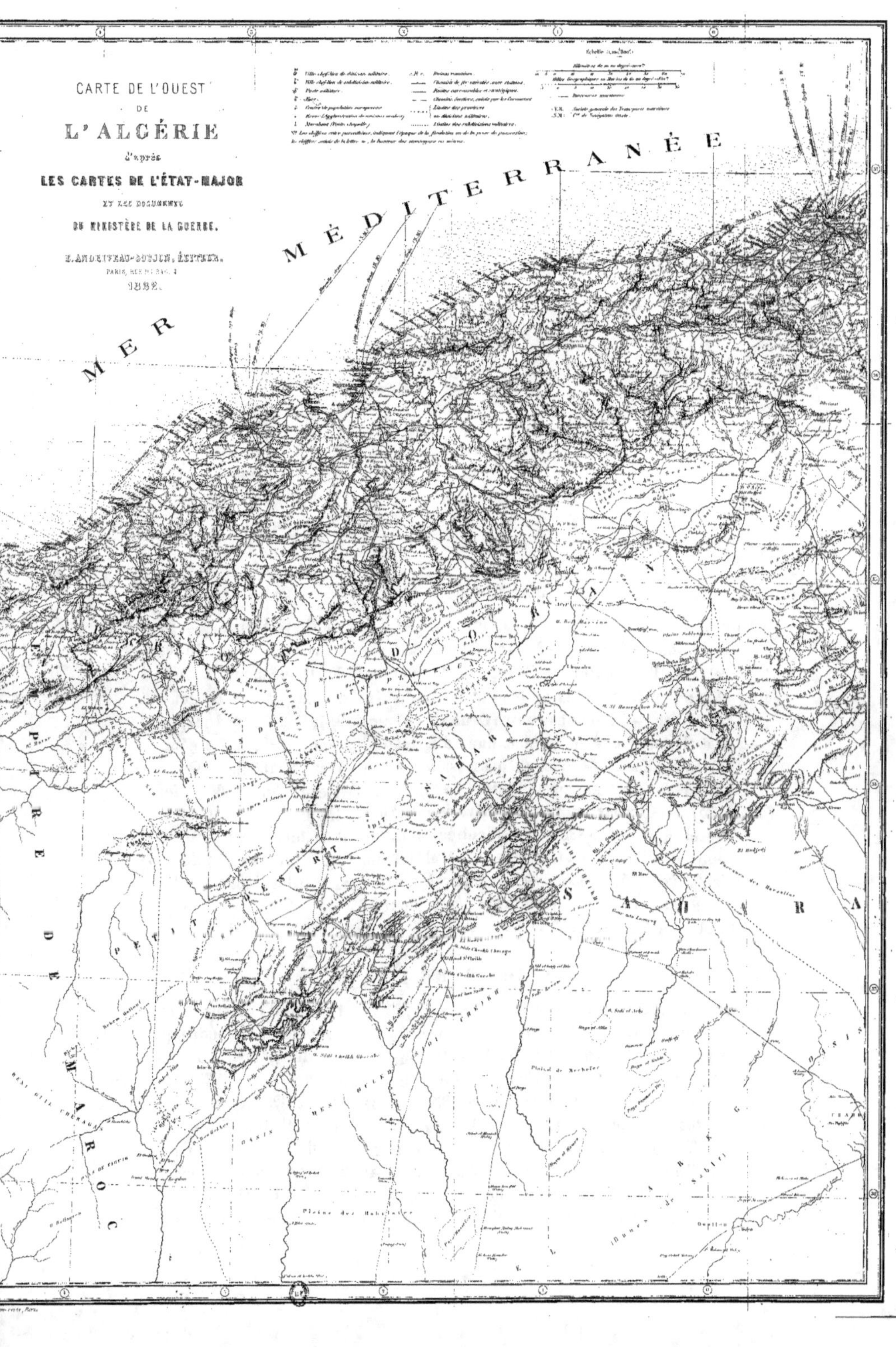

CARTE DE L'OUEST
DE
L'ALGÉRIE
d'après
LES CARTES DE L'ÉTAT-MAJOR
ET LES DOCUMENTS
DU MINISTÈRE DE LA GUERRE.
E. ANDRIVEAU-GOUJON, ÉDITEUR.
PARIS, RUE DU BAC, 4
1882.
Echelle de 1,000,000e
MER MÉDITERRANÉE
MER MÉDITERRANÉE
EMPIRE DE MAROC
SAHARA

TABLE

CHAPITRE PREMIER

CHAPITRE II

CHAPITRE III

CHAPITRE IV

CHAPITRE V

CHAPITRE VI

CHAPITRE VII

CHAPITRE VIII

CHAPITRE IX

CHAPITRE X

CHAPITRE XI

CHAPITRE XII

CHAPITRE XIII

CHAPITRE XIV

CHAPITRE XVII

CHAPITRE XVIII

A. Quantin imprimeur
J.S.Benoit, 7.àParis